AF546415

Swami Vivekananda

Yogasūtra

Mit Sanskrit-Text, Übersetzung und Kommentar

Herausgegeben und übersetzt von
Wilfried Huchzermeyer

edition sawitri

Karlsruhe

Verlag W. Huchzermeyer
Lessingstraße 64
D-76135 Karlsruhe

www.edition-sawitri.de

1. Aufl. 2019

ISBN 978-3-931172-38-1

Druck: Sowa Sp. z o.o., Piaseczno

INHALT

Vorwort

Swami Vivekananda (1863 – 1902) war der bekannteste Schüler von Ramakrishna, dem bedeutendsten Yogi des 19. Jh. Er brachte als erster Yoga in den Westen und lehrte dort Karma-, Bhakti-, Jñāna- und Rāja-Yoga.[1] Im Jahr 1893 hatte er als Delegierter am „Parlament der Religionen" in Chicago teilgenommen und die Herzen der Zuhörer durch eine mitreißende Rede gewonnen. Bald darauf erhielt er zahlreiche Einladungen zu Vorträgen über indische Themen und begann 1894, einen kleinen Kreis von Schülerinnen und Schülern in Lehre und Praxis von Yoga und Vedanta zu unterweisen.

Gleichzeitig schrieb er auch ein Buch über den Rāja-Yoga, das er im Juni 1895 vollendete. Swami Nikhilananda erläutert dessen Inhalt wie folgt: „Das Buch ist eine Übersetzung von Patanjalis Yoga-Aphorismen, wobei der Swami seine eigenen Erklärungen hinzufügte... Patanjali erläuterte in diesen Aphorismen die Philosophie des Yoga, deren Hauptzweck darin besteht, den Weg zu zeigen, wie die Seele Freiheit von der Gebundenheit an die Materie erlangt. Verschiedene Methoden der Konzentration werden erörtert."[2]

Swami Nikhilananda führt weiter aus, das Buch habe dem Zweck gedient, aufzuzeigen, dass spirituelle Erfahrung auf derselben Grundlage wie wissenschaftliche Erkenntnis erfolgen könne, d.h. begleitet von Experiment, Beobachtung und Verifizierung. Ferner habe Vivekananda verschiedene Disziplinen der Konzentration erklärt, verbunden mit der Warnung, diese nur mit Hilfe eines qualifizierten Lehrers zu praktizieren.

S. Ellen Waldo, eine Schülerin und Sekretärin Swami Vivekanandas, berichtete später, wie er ihr die Texte für das Buch diktierte:

> Wenn er seine Kommentare zu den Aphorismen kommunizierte, ließ er mich warten, während er in tiefe Zustände der Meditation oder Selbstbetrachtung ging, um dann mit einer brillanten Interpre-

---

[1] D.h. den dreifachen Pfad der Bhagavadgītā (Weg der Werke; Anbetung, Liebe; und Erkenntnis) sowie den „königlichen" Weg, aufgezeichnet im Yogasūtra.

[2] Swami Nikhilananda, *Vivekananda, A Biography.* New York 1989, S. 79

tation aus ihnen herauszukommen. Ich musste die Feder stets mit frischer Tinte bereithalten. Es konnte sein, dass er lange Zeit vertieft war, um dann plötzlich sein Schweigen zu brechen und spontan etwas zu sagen oder eine lange, wohlerwogene Lehre zum Ausdruck zu bringen.[1]

Im vorliegenden Buch wird aus Vivekanandas Titel *Raja Yoga* nur der Yogasūtra-Abschnitt in unserer eigenen deutschen Übersetzung wiedergegeben. Dieser Auswahl liegt die Beobachtung zugrunde, dass das Yogasūtra von vielen Interessenten in mehreren Ausgaben studiert wird, um angesichts der signifikanten Abweichungen in Übersetzung und Kommentar mehr Einblick in die Essenz der Aussagen des Textes zu bekommen. Tatsächlich sind viele deutsche und englische Übersetzungen stark interpretativ, was schon durch ihre Länge im Vergleich zum Sanskrit-Original deutlich wird. Zwar ist letzteres aufgrund des spezifischen, extrem knappen Sutra-Stils grundsätzlich kürzer, aber nicht um ein Vielfaches.

Auch Vivekananda geht zum Teil bereits bei der Übersetzung in die Interpretation über. In einigen Fällen wurde dies von mir in Fußnoten angemerkt, wobei teils auch weitere Ausführungen zum Verständnis hinzugefügt wurden. Der Text enthält nur sehr wenige Anmerkungen des indischen Herausgebers, die jeweils entsprechend gekennzeichnet sind.

Vivekanandas englische Übersetzung ist eine der ersten vollständigen in einer westlichen Sprache[2] und wertvoll auch dadurch, dass er den Zugang zum Text primär als Yogi und nicht als Gelehrter sucht. Immer wieder fließen in seinen Kommentar lebendige und erhellende Betrachtungen ein, die aus der eigenen Erfahrung heraus geschrieben wurden. Sicher wurde im Laufe der Zeit in späteren Übertragungen der eine oder andere Aphorismus besser wiedergegeben, wie es nun einmal der Fall ist, wenn schwierige Texte von Generationen von Forschern immer neu erschlossen werden, aber dieses Element seines

---

[1] Ibid.

[2] Eine englische Übersetzung des 1. Kapitels erschien bereits 1852: J.R. Ballentyne, *The Aphorisms of the Yoga Philosophy of Patanjali with illustrative extracts from the Commentary by Bhoja Raja.* Allahabad: Presbyterian Mission Press, 1852. Die ersten vollständigen Übertragungen wurden durch die Theosophische Gesellschaft herausgegeben (Tukaram Tatya, 1885, und M.N. Dvivedi, 1890).

originären Zugangs bleibt als besonderes Merkmal für immer bestehen. Gleichwohl muss angemerkt werden, dass in seltenen Fällen die eine oder andere Aussage aus heutiger Sicht kaum nachvollziehbar ist.

Wenn über Patanjali als Autor der Sutren gesprochen wird, so ist zu erwähnen, dass seine Existenz und Autorenschaft in einigen neueren Forschungsarbeiten angezweifelt wird, so dass es am besten ist, ihn als „legendären" Autor des Textes zu bezeichnen. Bei vielen Texten aus alter Zeit bestehen diese Zweifel, auch wenn die indische Tradition hier oft abweichende Aussagen macht. Aber letztlich ist die Herkunft und Autorenschaft nicht entscheidend, sondern im Mittelpunkt einer spirituellen Betrachtung stehen die Erkenntnisse, die in den Aphorismen kundgetan werden.

Wir glauben, dass Swami Vivekanandas Ausführungen mehr Licht auf die oft schwer zu erschließende Bedeutung der Sutras werfen, und haben auch den Sanskrit-Text beigefügt, da viele Yoga-Anhänger über einige Grundkenntnisse der Sprache verfügen. Der Text wurde in lateinischer Umschrift und mit aufgelösten Sandhis (Lautverschmelzungen) wiedergegeben, um einen erleichterten Zugang zu ermöglichen.

In einigen Fällen wurden einzelne Sanskrit-Begriffe in Fußnoten erklärt, aber grundsätzlich empfiehlt es sich, bei der Lektüre ein Nachschlagewerk wie unser Yoga-Wörterbuch oder Yoga-Lexikon zu nutzen.[1] Aus dem letzteren sind im Anhang als erste Einführung die Artikel „Yogasūtra" und „Sānkhya" abgedruckt.

Wilfried Huchzermeyer

---

[1] Siehe Anzeigenteil.

1. Kapitel

Konzentration – ihr spiritueller Nutzen

atha yoga-anuśāsanam //1//

1. Jetzt wird Konzentration erklärt.

yogaś citta-vṛtti-nirodhaḥ //2//

2. Yoga bedeutet, die Geistsubstanz davon abzuhalten, verschiedene Formen anzunehmen.

Kommentar:
Hier ist eine ausführliche Erklärung erforderlich. Wir müssen verstehen, was Citta ist und was die Vrittis sind. Ich habe Augen. Augen sehen nicht. Ohne das Gehirn im Kopf wären die Augen immer noch da, ebenso die Retina und auch die Bilder der Gegenstände auf ihr, und doch würden die Augen nicht sehen. Also sind die Augen nur ein sekundäres Instrument, nicht das Seh-Organ. Das Seh-Organ liegt im Nervenzentrum des Gehirns. Die beiden Augen werden nicht genügen. Manchmal schläft jemand mit offenen Augen. Das Licht ist vorhanden und das Bild, aber etwas Drittes ist notwendig – der Geist (*mind*) muss mit dem Organ verbunden werden. Das Auge ist das äußere Instrument; wir brauchen auch das Gehirn und die Vermittlung des Geistes.

Wagen rollen eine Straße entlang, ohne dass du sie hörst. Warum nicht? Weil dein Geist sich nicht mit dem Hörorgan verbunden hat. Als Erstes gibt es das Instrument, dann das Organ, und drittens den Geist, der mit diesen beiden verbunden ist. Der Geist nimmt den Eindruck auf und präsentiert ihn dem Auffassungsvermögen, Buddhi, das reagiert. Parallel dazu flammt die Vorstellung des Ich-Sinns auf. Daraufhin wird diese Mischung aus Aktion und Reaktion dem Purusha präsentiert, der wirklichen Seele, die in dieser Mischung ein Objekt wahrnimmt. Die Organe (Indriyas) bilden zusammen mit dem Geist (Manas), dem Unterscheidungsvermögen (Buddhi) und dem Ich-Sinn (Ahamkāra) jenen Verbund, den wir Antahkarana (das innere Instrument) nennen. Sie sind nur verschiedene Abläufe im Geist, Citta.

Die Gedankenwellen im Citta heißen Vrittis (wörtl. „Strudel"). Was ist das Denken? Denken ist eine Kraft, so wie Gravitation oder Abstoßung. Vom unendlichen Kraftspeicher in der Natur nimmt das Instrument, Citta genannt, etwas davon auf und schickt es als Gedanken hinaus. Kraft erhalten wir durch Nahrung, die uns Bewegung etc. ermöglicht. Andere Kräfte, die feinstofflichen, bringt es in dem heraus, was wir „Denken" nennen. Daraus ersehen wir: der Geist für sich ist nicht intelligent, und doch erscheint er so. Warum? Weil die intelligente Seele dahinter steht. Du bist das einzige fühlende Wesen; der Geist ist nur das Instrument, durch das du die äußere Welt erreichst. Nehmen wir z.B. dieses Buch: als Buch existiert es nicht außen, was außen existiert ist unbekannt und unerkennbar. Das Unerkennbare liefert die Anregung, die den Geist anstößt, und der Geist reagiert mit der Form eines Buches; das ist genau so, wie wenn ein Stein ins Wasser geworfen wird, und das Wasser erhebt sich gegen ihn in Form von Wellen.

Das wirkliche Universum ist der Anlass für die Reaktion des Geistes. Die Form eines Buches oder eines Elefanten oder Menschen ist nicht außen; alles, was wir kennen, ist unsere mentale Reaktion aufgrund der äußeren Suggestion. „Materie ist die permanente Möglichkeit von Empfindungen", sagt John Stuart Mill. Nur die Suggestion ist außen. Nehmen wir z.B. eine Auster. Ihr wisst ja, wie Perlen entstehen: Ein Parasit dringt in die Schale ein und verursacht einen Reiz, woraufhin die Auster eine Art Emaille drum herum bildet, wodurch die Perle entsteht. Das Universum der Erfahrung ist sozusagen unsere eigene Emaille, und das wirkliche Universum ist der Parasit, der als Nukleus dient. Der gewöhnliche Mensch wird das nie verstehen, denn wenn er es versucht, bringt er eine „Emaille" hervor und sieht nur diese seine eigene Emaille.

Jetzt verstehen wir, was mit diesen Vrittis gemeint ist. Der wirkliche Mensch ist hinter dem Geist; der Geist ist das Instrument in seinen Händen; seine Intelligenz ist es, die durch den Geist durchsickert. Erst wenn du hinter dem Geist stehst, wird er intelligent. Wenn der

Mensch ihn aufgibt, zerfällt er und ist nichts. So könnt ihr jetzt verstehen, was mit Citta gemeint ist. Es ist der Stoff des Geistes, und die Vrittis sind die Wellen und Kräuselungen, die sich in ihm auftun, wenn äußere Ursachen auf ihn einwirken. Diese Vrittis sind unser Universum.

Wir können nicht den Grund eines Sees sehen, weil dessen Wasseroberfläche gekräuselt ist. Nur wenn die Oberfläche glatt und das Wasser ruhig ist, können wir etwas am Boden erkennen. Wenn aber das Wasser schlammig oder ständig in Bewegung ist, wird der Boden nicht sichtbar sein. Der Boden des Sees ist unser eigenes wahres Selbst; der See ist das Citta und die Wellen sind die Vrittis. Und weiter: der Geist kennt drei Zustände, wovon einer Dunkelheit ist, Tamas genannt, und sich in aggressiven und törichten Menschen findet; es handelt nur, um zu verletzen. Dann gibt es noch den aktiven Geisteszustand, Rajas, dessen Hauptmotive Macht und Genuss sind. „Ich werde machtvoll sein und andere beherrschen." Und es gibt den Zustand von Sattva, Gelassenheit, Ruhe, worin die Wellen aufhören und das Wasser des Geist-Sees klar wird. Es ist nicht inaktiv, sondern vielmehr intensiv aktiv. Es ist die größte Erscheinungsform von Kraft, ruhig zu sein. Aktiv zu sein ist leicht. Lass die Zügel los, und die Pferde werden mit dir durchgehen. Jeder kann das tun, aber wer die Pferde stoppen kann, ist der starke Mensch. Was erfordert die größere Kraft, laufenzulassen oder zu zügeln? Der ruhige Mensch ist nicht der dumpfe Mensch. Man darf nicht Sattva mit Dumpfheit oder Trägheit verwechseln. Der ruhige Mensch ist jener, der die Kontrolle über die Geistwellen hat. Aktivität ist die Manifestation unterlegener Kraft, Ruhe der höheren.

Das Citta versucht stets, zu seinem natürlichen, reinen Zustand zurückzukehren, aber die Sinnesorgane ziehen es nach außen. Es zu zügeln, um diesen Drang nach außen einzudämmen und es wieder auf die Rückreise zur Essenz von Intelligenz zu bringen, ist der erste Schritt im Yoga, weil das Citta nur auf diesem Weg seinen rechten Lauf nehmen kann.

Obgleich das Citta in jedem Tier ist, vom niedrigsten bis zum höchsten, finden wir es nur beim Menschen als Intellekt. Bis der Geist diese Form des Intellekts annehmen kann, ist es ihm nicht möglich, über all diese Schritte zurückzukehren und die Seele zu befreien. Unmittelbare Erlösung ist für die Kuh oder den Hund unmöglich, obgleich sie den Geist haben, weil ihr Citta noch nicht die Form annehmen kann, die wir Intellekt nennen.

Das Citta manifestiert sich in den folgenden Formen – verstreuend, verdunkelnd, versammelnd, „einspitzig“ und konzentriert. In der verstreuten Form ist es Aktivität. Sie neigt dazu, sich in Form von Freude oder Schmerz zu manifestieren. Die verdunkelnde ist Dumpfheit, die zur Verletzung neigt. Der Kommentator sagt, die dritte Form sei den Devas natürlich, den Engeln, und die erste und zweite den Dämonen. Die versammelnde Form liegt vor, wenn es sich darum bemüht, sich zu zentrieren. Die einspitzige Form liegt vor, wenn es sich zu konzentrieren versucht, und die konzentrierte ist jenes, was uns zum Samadhi führt.

tadā draṣṭuḥ svarūpe'vasthānam //3//

3. Zu jener Zeit (der Zeit der Konzentration) verweilt der Seher (Purusha) in seinem eigenen (unmodifizierten) Zustand.

Sobald die Wellen nicht mehr schlagen und der See ruhig geworden ist, sehen wir seinen Grund. So verhält es sich auch mit dem Geist; wenn er still ist, sehen wir, was unsere eigene Natur ist; wir vermischen uns nicht, sondern bleiben wir selbst.

vṛtti-sārūpyam itaratra //4//

4. Zu anderen Zeiten (als jenen der Konzentration) ist der Seher mit den Modifikationen identifiziert.

Zum Beispiel macht mir jemand einen Vorwurf, was eine Modifikation, Vritti, im Geist erzeugt, und dann identifiziere ich mich damit und leide.

vṛttayaḥ pañcatayyaḥ kliṣṭā akliṣṭāḥ //5//

5. Es gibt fünf Klassen von Modifikationen, (einige) schmerzvoll und (andere) nicht schmerzvoll.

pramāṇa-viparyaya-vikalpa-nidrā-smṛtayaḥ //6//

6. (Dies sind) rechte Erkenntnis, Irrtum, falsche Vorstellung, Schlaf und Erinnerung.

pratyakṣa-anumāna-āgamāḥ pramāṇāni //7//

7. Direkte Wahrnehmung, Schlussfolgerung und kompetente Bezeugung sind die Nachweise.

Wenn zwei unserer Wahrnehmungen einander nicht widersprechen, nennen wir es Beweis. Ich höre etwas, und wenn es etwas widerspricht, das bereits wahrgenommen wurde, beginne ich mich dagegen zu widersetzen und glaube es nicht. Es gibt drei Arten von Beweis: Pratyaksha, direkte Wahrnehmung; alles, was wir sehen und fühlen, ist Beweis, sofern es nicht etwas gab, was die Sinne getäuscht hat. Ich sehe die Welt; das reicht als Beweis, dass sie existiert.

Zweitens, Anumāna, Schlussfolgerung; man sieht ein Zeichen und schließt von daher auf die Sache, die es bezeichnet. Drittens, Āptavākya, die direkte Evidenz der Yogis, d.h. jener, die die Wahrheit gesehen haben. Wir alle ringen noch um Erkenntnis. Aber ihr und ich müssen uns sehr anstrengen und gelangen durch einen langen, mühsamen Denkprozess zur Erkenntnis, während der Yogi, der reine Yogi, darüber hinaus gegangen ist. Vor seinem Geist sind Vergangenheit, Gegenwart und Zukunft gleich, *ein* Buch vor seinen Augen; er muss sich nicht dem mühsamen Erkenntnisprozess unterziehen wie wir; seine Worte sind Beweis, weil er Erkenntnis in sich selbst wahrnimmt.

Das trifft z.B. für die Autoren der heiligen Schriften zu; deswegen gelten sie als Beweis. Wenn solche Menschen jetzt leben, werden ihre Worte als Beweis gelten. Aber andere Philosophen erläutern den Begriff Aptavakya ausführlich und sagen: „Welches ist der Beweis für ihre Worte?“ Der Beweis ist ihre direkte Wahrnehmung. Denn alles, was ich sehe, ist Beweis, und was immer ihr seht, ist Beweis, wenn es nicht im Widerspruch zur Erkenntnis der Vergangenheit steht. Es gibt eine Erkenntnis jenseits der Sinne, und wann immer sie nicht der Vernunft und vergangenen menschlichen Erfahrung widerspricht, ist sie Beweis.

Jeder Irre könnte diesen Raum betreten und behaupten, er sehe Engel um sich herum; das wäre nicht beweiskräftig. Erstens muss es wahre Erkenntnis sein und zweitens darf es nicht früherer Erkenntnis widersprechen, und drittens hängt es auch vom Charakter des Menschen ab, der sie verkündet. Manche Leute sagen, der Charakter des Menschen sei nicht so wichtig wie das, was er sagt; wir müssten erst einmal hören, was er sagt. Das mag bei anderen Dingen gelten. Ein Mensch mag böse sein und kann doch in der Astronomie eine Entdeckung machen. Aber in der Religion ist es anders, weil kein unreiner Mensch je die Macht haben wird, die Wahrheiten der Religion zu lehren.

Daher müssen wir erst einmal schauen, ob der Mensch, der sich zum Āpta erklärt, vollkommen selbstlos ist und eine heilige Person; zweitens, ob er über die Sinne hinausgegangen ist; und drittens, ob das, was er sagt, nicht der früheren Erkenntnis der Menschheit widerspricht. Jegliche neue Entdeckung der Wahrheit widerspricht nicht der vergangenen, sondern passt mit ihr zusammen. Und viertens muss es für die Wahrheit eine Möglichkeit der Verifizierung geben. Wenn jemand sagt, „ich habe eine Vision gehabt“ und mir erzählt, ich hätte kein Anrecht darauf, so glaube ich ihm nicht. Es muss in jedermanns Macht stehen, es auch für sich selbst zu realisieren. Niemand, der sein Wissen verkauft, ist ein Āpta.

All diese Bedingungen müssen erfüllt werden; du musst erst darauf achten, dass der Mensch rein ist und dass er kein selbstsüchtiges Motiv hat; dass er kein Verlangen nach Gewinn oder Ruhm hat. Zweitens, muss er zeigen, dass er überbewusst ist. Er muss uns etwas geben, was wir nicht durch unsere Sinne erlangen können und was zum Wohle der Welt ist. Drittens müssen wir darauf achten, dass es nicht im Widerspruch zu anderen Wahrheiten steht; wenn es anderen wissenschaftlichen Wahrheiten widerspricht, weise es umgehend zurück. Viertens sollte ein solcher Mensch nie singulär sein; er sollte nur repräsentieren, was alle Menschen erlangen können.

Die drei Arten von Beweis sind dann direkte Sinneswahrnehmung, Schlussfolgerung und die Worte eines Āpta. Ich kann das Wort nicht ins Englische übersetzen. Es ist nicht das Wort „inspiriert", weil man davon ausgeht, dass Inspiration von außen kommt, während diese Erkenntnis vom Menschen selbst kommt. Die wörtliche Bedeutung ist „erlangt, erreicht".[1]

viparyayo mithyā-jñānam atadrūpa-pratiṣṭham //8//

8. Irrtum ist falsche Erkenntnis, die nicht in der wahren Natur begründet ist.

Die nächste Klasse von Vrittis, die sich ergibt, verwechselt das eine mit dem anderen, so wie man ein Stück Perlmutter für ein Stück Silber hält.

śabda-jñāna-anupātī vastu-śūnyo vikalpaḥ //9//

9. Verbale Täuschung ergibt sich aus Worten, die keine (entsprechende) Realität haben.

Es gibt eine weitere Art von Vrittis, die „Vikalpa" genannt wird. Ein Wort wird geäußert, und wir nehmen uns nicht die Zeit, um über seine Bedeutung zu reflektieren; sofort ziehen wir eine Schlussfolgerung. Das ist ein Zeichen der Schwäche des Citta. Jetzt können wir die Theorie der Zurückhaltung verstehen. Je schwächer ein Mensch, desto weniger Zurückhaltung besitzt er. Messt euch stets an diesem Prüfstein. Wenn ihr euch ärgert oder unglücklich werdet, denkt darüber nach, wie es kommt, dass eine Nachricht, die euch erreicht hat, Vrittis in eurem Geist erzeugt.

---

[1] Im Monier-Williams Sanskrit Dictionary findet sich die Bedeutung „glaubwürdige Person oder Person mit Autorität."

abhāva-pratyaya-ālambanā-vṛttir nidrā //10//

10. Der Schlaf ist eine Vritti, die beruht auf der Empfindung der Leere.

Die nächste Klasse von Vrittis heißt Schlaf und Traum. Wenn wir aufwachen, wissen wir, dass wir geschlafen haben: wir können nur die Erinnerung an Wahrgenommenes haben. Was wir nicht wahrnehmen, davon können wir nie irgendeine Erinnerung haben. Jede Reaktion ist eine Welle im See. Wenn nun der Geist während des Schlafes keine Wellen hätte, hätte er keine Wahrnehmungen, ob positiv oder negativ, und daher würden wir uns nicht an sie erinnern. Wir erinnern uns eben deshalb an den Schlaf, weil während des Schlafs eine bestimmte Klasse von Wellen den Geist durchlief. Erinnerung ist eine weitere Klasse von Vrittis, Smriti genannt.

anubhūta-viṣaya-asaṁpramoṣaḥ smṛtiḥ //11//

11. Erinnerung ist es, wenn die (Vrittis von) wahrgenommenen Dingen nicht entschwinden (und durch Impressionen ins Bewusstsein zurückkehren).

abhyāsa-vairāgyābhyāṁ tan-nirodhaḥ //12//

12. Ihre Kontrolle erfolgt durch Übung und Nicht-Anhaftung.

Der Geist muss, um Nicht-Anhaftung zu erlangen, klar, gut und rational sein. Warum sollten wir üben? Weil jede Handlung wie die Kräuselungen ist, die über die Oberfläche des Sees laufen. Die Schwingung läuft aus, und was bleibt dann? Die Samskāras, Impressionen. Wenn eine große Anzahl von diesen Impressionen dem Geist aufgeprägt bleiben, verschmelzen sie und werden zur Gewohnheit. Man sagt, „Gewohnheit ist die zweite Natur.“ Es ist auch die erste Natur und die ganze Natur des Menschen; alles, was wir sind, ist das Ergebnis von Gewohnheit. Das bedeutet Trost für uns, denn weil es nur eine Gewohnheit ist, können wir es zu jeder Zeit erschaffen und wieder auflösen. Die Samskaras verbleiben von diesen Schwingungen, die aus unserem Geist hervortreten, wobei jede einzelne ihr Resultat hinterlässt.

Unser Charakter ist die Gesamtsumme von diesen Spuren, und je nachdem welche spezielle Welle vorherrscht, nimmt man die entsprechende Tönung an. Wenn Gut vorherrscht, wird man gut; wenn Böse vorherrscht, wird man böse; ist es Freudigkeit, wird man glücklich. Das einzige, was bei schlechten Gewohnheiten hilft, sind entgegengesetzte Gewohnheiten; all die schlechten Gewohnheiten, die ihre Impressionen hinterlassen haben, müssen durch gute Gewohnheiten unter Kontrolle gebracht werden. Tue beständig Gutes, denke beständig heilige Gedanken; das ist der einzige Weg, um schlechte Impressionen zu unterdrücken. Sag nie, jemand sei hoffnungslos, denn jeder repräsentiert nur einen Charakter, ein Bündel von Gewohnheiten, die durch neue und bessere abgeblockt werden können. Charakter bedeutet wiederholte Gewohnheiten, und nur solche können den Charakter läutern.

tatra sthitau yatno'bhyāsaḥ //13//

13. Beständige Bemühung, sie (die Vrittis) vollkommen unter Kontrolle zu halten, ist Übung.

Was ist Übung? Der Versuch, den Geist in Citta-Form zu halten, ihn daran zu hindern, sich in Wellen zu veräußern.

sa tu dīrgha-kāla-nairantarya-satkāra-āsevito dṛḍha-bhūmiḥ //14//

14. Sie wird fest gegründet durch lange beständige Bemühungen mit großer Liebe (zum Ziel, das zu erreichen ist).

Kontrolle kommt nicht in einem Tag, sondern ergibt sich aus langer, beständiger Übung.

dṛṣṭa-anuśravika-viṣaya-vitṛṣṇasya vaśīkāra-saṁjñā vairāgyam //15//

15. Nicht-Anhaftung ist die Wirkung, die sich bei jenen einstellt, die ihr Verlangen nach gesehenen oder gehörten Objekten aufgegeben haben, und welche die Objekte unter Kontrolle halten will.

Die beiden Antriebskräfte für unsere Handlungen sind (1) das, was wir selbst sehen, und (2) die Erfahrung anderer. Diese beiden Kräfte verursachen die Wellen im Geist, dem See. Entsagung ist die Fähigkeit, gegen die Kräfte anzukämpfen und den Geist unter Kontrolle zu halten. Deren Entsagung ist unser Ziel. Ich gehe durch eine Straße und dann kommt jemand und nimmt mir meine Uhr weg. Das ist meine eigene Erfahrung. Ich sehe es selbst, und es verursacht sofort eine Welle in meinem Citta in der Form von Ärger. Lass dies nicht zu. Wenn du das nicht verhindern kannst, bist du gar nichts: kannst du es aber, hast du Vairagya. Die Erfahrung der weltlich Gesinnten lehrt uns, dass Sinnesfreuden das höchste Ideal seien. Dies sind gewaltige Versuchungen. Sich ihnen zu verweigern und nicht dem Geist zu erlauben, diesbezüglich Wellen zu schlagen, ist Entsagung. Die zweifache Antriebskraft zu kontrollieren, die aufgrund meiner eigenen Erfahrung und jener anderer entsteht, und so das Citta davon abzuhalten, von ihnen beherrscht zu werden, ist Vairagya. Ich sollte sie kontrollieren und nicht sie mich. Diese Art mentaler Kraft heißt Entsagung. Vairagya ist der einzige Weg zur Freiheit.

tat-paraṁ puruṣa-khyāter guṇa-vaitṛṣṇyam //16//

16. Die höchste Nicht-Anhaftung ist jene, welche selbst den Eigenschaften [Gunas] entsagt und sich aus der Erkenntnis der (wahren Natur) des Purusha ergibt.

Die Kraft von Vairagya manifestiert sich im höchsten Grad, wenn sie selbst unsere Anziehung zu den Eigenschaften auflöst. Wir müssen zunächst verstehen, was der Purusha, das Selbst, ist, und was die Eigenschaften sind. Gemäß der Yoga-Philosophie besteht die gesamte Natur aus drei Eigenschaften oder Kräften: die eine heißt Tamas, eine andere Rajas und die dritte Sattva. Diese drei Eigenschaften manifestieren sich in der physischen Welt als Dunkelheit oder Inaktivität, Anziehung oder Abstoßung, und Ausgeglichenheit der beiden. Alles in der Natur, alle Manifestationen, sind Kombinationen und Neuverbindungen dieser drei Kräfte.

Die Natur wurde von den Anhängern des Sankhya in verschiedene Kategorien unterteilt: das Selbst des Menschen ist jenseits von ihnen, jenseits der Natur. Es ist lichtreich, rein und vollkommen. Welche Intelligenz auch immer wir in der Natur bemerken, ist nur die Reflektion des Selbstes auf die Natur. Die Natur selbst ist fühllos. Man muss daran denken, dass das Wort „Natur" auch den Geist einschließt; der Geist ist in der der Natur; das Denken ist in ihr; vom Denken bis hinab zur gröbsten Form der Materie ist alles in der Natur, der Manifestation der Natur. Diese Natur hat das Selbst des Menschen umhüllt, und wenn die Natur die Hülle entfernt, erscheint das Selbst in Seiner eigenen Herrlichkeit. Die Nicht-Anhaftung, so wie sie im Aphorismus 15 beschrieben wird (als Kontrolle der Gegenstände oder der Natur) ist die größte Hilfe, um das Selbst zu manifestieren. Der nächste Aphorismus definiert Samadhi, vollkommene Konzentration, welche das Ziel des Yogi ist.

vitarka-vicāra-ānanda-asmitā-anugamāt saṁprajñātaḥ //17//

17. Die Konzentration, die rechte Erkenntnis genannt wird,[1] ist jene, welche einher geht mit Erwägen, Erforschen, Seligkeit, uneingeschränktem Ich-Sinn.

Es gibt zwei Arten von Samadhi. Die eine heißt Samprajāta, die andere Asamprajnāta. Bei der ersteren stellen sich alle Kräfte zum Kontrollieren der Natur ein. Es gibt vier Arten davon. Die erste heißt Savitarka, wenn der Geist immer wieder über einen Gegenstand meditiert, indem er ihn von anderen Gegenständen abstrahiert. In den 25 Kategorien[2] der Sankhya-Anhänger gibt es zwei Arten von Gegenständen

---

[1]samādhi saṁprajñātaḥ. Wird oft auch übersetzt mit „bewusster Samadhi", mit Differenzierung von Subjekt und Objekt.

[2] Die Tattvas.

für die Meditation: erstens, die 24 empfindungslosen Kategorien der Natur, und zweitens der eine empfindende Purusha.

Dieser Teil des Yoga beruht voll und ganz auf der Sankhya-Philosophie, die ich bereits abgehandelt habe. Wie ihr euch erinnern werdet, haben Ich-Sinn, Wille und Geist eine gemeinsame Grundlage, das Citta oder die Geistsubstanz, aus der sie alle herangebildet werden. Das Citta nimmt die Kräfte der Natur auf und bringt sie als Gedanken heraus. Und weiter, es muss etwas geben, wo Kraft und Materie eins sind. Dies heißt Avyakta, der unmanifestierte Zustand der Natur vor der Schöpfung, wohin nach dem Ende eines Zyklus die ganze Natur zurückkehrt, um nach einem weiteren Zeitabschnitt wieder zurückzukehren. Jenseits davon ist der Purusha, das Wesen der Intelligenz. Erkenntnis ist Macht, und sobald wir eine Sache zu erkennen beginnen, erlangen wir Macht über sie; ebenso auch, wenn der Geist über die verschiedenen Elemente zu meditieren beginnt: dann erlangt er Macht über sie.

Diese Art Meditation, wo die äußeren grobstofflichen Elemente die Gegenstände sind, heißt Savitarka. Vitarka bedeutet Frage; Sa-vitarka, mit Frage, d.h. gleichsam die Elemente befragen, auf dass sie ihre Wahrheiten und Kräfte jenem preisgeben, der über sie meditiert. Das Erlangen von Kräften bringt keine Befreiung mit sich. Es ist ein weltliches Suchen nach Genuss, und es gibt keinen Genuss in diesem Leben; alles Suchen nach Genuss ist vergeblich; dies ist die alte, alte Lektion, die zu lernen der Mensch so schwer findet. Wenn er sie doch lernt, verlässt er das Universum und wird frei. Der Besitz dessen, was wir „okkulte Kräfte" nennen, intensiviert nur die Welt und am Ende das Leid. Obgleich Patanjali als Wissenschaftler die Möglichkeiten dieser Wissenschaft erörtern muss, lässt er keine Gelegenheit aus, vor diesen Kräften zu warnen.

Und weiter: wenn man sich bei derselben Meditation bemüht, die Elemente aus Zeit und Raum herauszunehmen und sie sich so vorzustellen, wie sie sind, so nennt man dies Nirvitarka, ohne Frage. Wenn die Meditation eine Stufe höher geht und die Tanmatras[1] zum Gegenstand macht und sie sich vorstellt als in Zeit und Raum, so nennt man

---

[1] Die feinstofflichen Elemente.

dies Savichāra, mit Unterscheidung[1]; und wenn man in derselben Meditation Zeit und Raum ausblendet und sich die feinstofflichen Elemente so vorstellt, wie sie sind, so heißt dies Nirvichāra, ohne Unterscheidung.

Der nächste Schritt ist es, wenn man die Elemente aufgibt, sowohl die grob- wie auch die feinstofflichen, und der Gegenstand der Meditation das Innenorgan, das Denkorgan ist. Wenn man sich das Denkorgan vorstellt als ohne die Eigenschaften von Tätigkeit und Dumpfheit, so sprechen wir von Sānanda[2], dem glückseligen Samadhi. Wenn der Geist selbst der Gegenstand der Meditation ist und wenn diese sehr ausgereift und konzentriert wird, wenn alle Vorstellungen der grob- und feinstofflichen Materialien aufgegeben werden und nur der Sattva-Zustand des Ichs verbleibt, aber abgesetzt von allen anderen Gegenständen, so heißt dies Sāsmita[3] Samadhi.

Wer dies erreicht hat, der hat erreicht, was in den Veden „körperlos" genannt wird. Er kann sich selbst vorstellen als ohne seinen grobstofflichen Körper, aber mit einem feinstofflichen Körper. Menschen, die in diesem Zustand in der Natur aufgehen, ohne das Ziel zu erreichen, werden Prakritilayas[4] genannt, aber jene, die selbst dort nicht halt machen, erreichen das Ziel, welches Freiheit ist.

virāma-pratyaya-abhyāsa-pūrvaḥ saṁskāra-śeṣo'nyaḥ //18//

18. Es gibt einen anderen Samadhi, der durch die ständige Übung des Aufhörens aller mentalen Tätigkeit erlangt wird, worin das Citta nur die nicht-manifestierten Impressionen bewahrt.

Dies ist der vollkommene überbewusste Asamprajnata Samadhi, jener Zustand, der uns Freiheit schenkt. Der erste Zustand schenkt uns keine Freiheit, befreit nicht die Seele. Ein Mensch kann alle Kräfte erlangen und doch wieder „fallen". Es gibt keine Sicherheit, bis die Seele über die Natur hinausgeht. Das ist sehr schwierig, obgleich die Methode

---

1 Discrimination.
2 Sa-ānanda, mit Ananda
3 Sa-asmitā, mit Ich-heit.
4 Siehe Artikel Prakriti-Laya in W. Huchzermeyer, *Das Yoga-Lexikon.*

leicht erscheint. Die Methode besteht darin, über den Geist selbst zu meditieren, und wenn immer ein Gedanke kommt, ihn auszuschalten, indem man keinem Gedanken erlaubt, in den Geist einzutreten und ihn so zu einem vollständigen Vakuum macht. Wenn wir dies wirklich tun können, werden wir in diesem selben Augenblick Befreiung erlangen.

Wenn aber Menschen ohne Übung und Vorbereitung ihren Geist leer zu machen versuchen, dann ist es wahrscheinlich, dass sie sich nur in Tamas hüllen, den Stoff der Unwissenheit, welcher den Geist dumpf und stupide macht und sie glauben lässt, sie machten den Geist völlig leer. In der Lage zu sein, dies wirklich zu vollbringen, heißt, die größte Kraft und höchste Kontrolle an den Tag zu legen. Wenn dieser Zustand, Asamprajnata, Überbewusstsein, erreicht wird, wird der Samadhi „keimlos". Was bedeutet dies? In einer Konzentration, wo es Bewusstsein gibt, wo es dem Geist nur gelingt, die Wellen im Citta einzudämmen und niederzuhalten, bleiben sie in Form von Tendenzen. Diese Tendenzen (oder Keime) werden wieder zu Wellen, wenn die Zeit kommt. Aber wenn man all diese Tendenzen zerstört hat, fast den Geist zerstört hat, so wird der Samadhi keimlos; es sind keine Keime mehr im Geist, aus denen man wieder und wieder diese Lebenspflanze heranbilden kann, diese unablässige Runde von Geburt und Tod.

Man könnte fragen, was für ein Zustand das sein würde, in dem es keinen Geist, keine Erkenntnis gibt? Was wir Erkenntnis nennen, ist ein niedrigerer Zustand als jener jenseits der Erkenntnis. Man muss stets daran denken, dass die Extreme sehr ähnlich ausschauen. Wenn eine sehr niedrige Schwingung von Äther als Dunkelheit wahrgenommen wird und ein Zwischenzustand als Licht, so wird eine sehr hohe Schwingung wiederum Dunkelheit sein. Ähnlich ist Unwissenheit der niedrigste Zustand, Erkenntnis der mittlere, und jenseits der Erkenntnis findet sich der höchste Zustand, dessen beide Extreme identisch erscheinen. Erkenntnis für sich ist etwas, das produziert wurde, eine Kombination; es ist nicht Wirklichkeit.

Welches ist das Ergebnis einer ständigen Übung dieser höheren Konzentration? Alle alten Neigungen der Ruhelosigkeit und Stumpfheit werden zerstört werden, ebenso auch die Neigungen zur Gutheit. Es ist ähnlich wie bei den Chemikalien, die man gebraucht, um Gold von Verunreinigungen zu befreien. Wenn das Erz abgeschmolzen wird, wird die Schlacke mit den Chemikalien verbrannt. So wird diese ständige Kontrollkraft die früheren schlechten Neigungen stoppen, und letztendlich auch die guten. Diese guten und schlechten Neigungen werden einander blockieren und die Seele für sich allein belassen, in ihrer eigenen Herrlichkeit, unbeeinträchtigt von Gut oder Böse – die allgegenwärtige, allmächtige und allwissende. Dann wird der Mensch wissen, dass er weder Geburt noch Tod erfuhr und weder Himmel noch Erde braucht. Er wird wissen, dass er weder kam noch ging; es war seine Natur, die sich bewegte, und diese Bewegung wurde auf die Seele projiziert. Die Form des Lichts, die vom Spiegel an der Wand reflektiert wird, bewegt sich, und die Wand denkt närrischerweise, sie bewege sich.

So ergeht es uns allen: Es ist das Citta, das sich ständig bewegt und in verschiedene Formen verwandelt, und wir denken, wir seien diese verschiedenen Formen. All diese Täuschungen werden vergehen. Wenn jene freie Seele die Herrschaft übernimmt – nicht bittet, sondern befiehlt – , dann wird alles, was Sie wünscht, sogleich erfüllt werden; was auch immer Sie will, wird Sie tun können. Gemäß der Sankhya-Philosophie gibt es keinen Gott. Sie sagt, es könne keinen Gott dieses Universums geben, weil, wenn es einen gäbe, Er eine Seele sein müsste, und eine Seele muss entweder gebunden oder frei sein. Wie kann die Seele, die von Natur gebunden ist, oder unter der Kontrolle der Natur, erschaffen? Sie ist selbst eine Sklavin. Andererseits, warum sollte die Seele, die frei ist, all diese Dinge erschaffen und beeinflussen? Sie hat keine Wünsche, daher kann sie keine Notwendigkeit haben, zu erschaffen.

Zweitens sagt diese Philosophie, dass die Theorie Gottes nicht notwendig sei; die Natur erkläre alles. Wofür dient irgendein Gott? Aber Kapila[1] lehrt, es gebe viele Seelen, die, obgleich sie nahezu Vollkommenheit erlangen, nicht ans Ziel gelangen, weil sie nicht in der Lage sind, vollkommen allen Kräften zu entsagen. Ihr Geist geht eine Weile in der Natur auf, um dann als deren Meister hervorzutreten. Solche Götter gibt es. Wir werden alle zu solchen Göttern werden, und gemäß den Sankhya-Anhängern bedeutet der Gott, von dem in den Veden gesprochen wird, wirklich eine dieser freien Seelen. Jen-

---

[1] Der Begründer der Sankhya-Lehre.

seits von ihnen gibt es keinen ewig freien und gesegneten Schöpfer des Universums.

Auf der anderen Seite sagen die Yogis: „So verhält es sich nicht, es gibt einen Gott; es gibt *eine* Seele, getrennt von allen anderen Seelen, und Er ist der ewige Meister aller Schöpfung, der immer Freie, der Lehrer aller Lehrer." Die Yogis gestehen ein, dass jene, welche die Sankhya-Anhänger „die in der Natur Aufgegangenen" nennen, auch existieren. Sie sind Yogis, die nicht die Vollkommenheit erlangt haben und Herrscher von Teilen des Universums bleiben, obgleich sie nicht das Ziel zu erreichen vermögen.

bhava-pratyayo videha-prakṛti-layānām //19//

19. (Dieser Samadhi, wenn nicht begleitet von äußerster Nicht-Anhaftung) wird zur Ursache der Neu-Manifestation der Götter und jener, die in der Natur aufgehen.

Die Götter stehen in den indischen Philosophie-Systemen für gewisse hohe Funktionen, die sukzessive von verschiedenen Seelen ausgefüllt werden. Aber keine von ihnen ist vollkommen.

śraddhā-vīrya-smṛti-samādhi-prajñā-pūrvaka itareṣām //20//

20. Für andere erfolgt (dieser Samadhi) durch Glauben, Kraft, Erinnerung, Konzentration und Urteilskraft.

Dabei handelt es sich um jene, die nicht die Stellung von Göttern anstreben oder selbst jene von Herrschern der Weltzyklen. Sie erlangen Befreiung.

tīvra-saṁvegānām āsannaḥ //21//

21. Erfolg stellt sich schnell ein bei jenen, die voller Energie sind.

mṛdu-madhya-adhimātratvāt tato'pi viśeṣaḥ //22//

22. Der Erfolg von Yogis unterscheidet sich in Abhängigkeit davon, ob die Mittel, die sie einsetzen, gemäßigt, von mittlerem Maß oder intensiv sind.

īśvara-pranidhānād'vā //23//

23. Oder durch Hingabe an den Ishvara [wird das Ziel erreicht].

kleśa-karma-vipāka-āśayair aparāmṛṣṭaḥ puruṣa-viśeṣa īśvaraḥ //24//

24. Ishvara (der höchste Herr) ist ein besonderer Purusha, unberührt von Leid, Handlungen, ihren Resultaten und Begehren.

Wir müssen wiederum bedenken, dass die Yoga-Philosophie des Patanjali auf der Sankhya-Philosophie beruht; nur in der letzteren gibt es keinen Platz für Gott, anders als bei den Yogis. Aber die Yogis erwähnen nicht viele Vorstellungen von Gott wie z.B. den Schöpfungsakt. Gott als der Schöpfer des Universums ist nicht, was die Yogis meinen. Gemäß den Veden ist Ishvara der Schöpfer des Universums; weil es harmonisch ist, muss es die Manifestation *eines* Willens sein. Die Yogis wollen einen Gott zugrunde legen, aber sie gelangen in ihrer eigenen besonderen Weise zu ihm. Sie sagen:

tatra niratiśayaṁ sarvajñatva-bījam //25//

25. In Ihm wird jene Allwissenheit unendlich, die in anderen (nur) ein Keim ist.[1]

Der Geist muss sich stets zwischen zwei Extremen bewegen. Man

[1] Swami Vivekanandas Übersetzung weicht hier von der üblichen und offensichtlichen beträchtlich ab: „In Ihm ist der höchste Keim der Allwissenheit."

kann an begrenzten Raum denken, aber eben diese Vorstellung führt dich auch zum unbegrenzten Raum. Schließe deine Augen und denke an einen kleinen Raum; im selben Moment, wo du den kleinen Kreis wahrnimmst, erhältst du drum herum einen Kreis von grenzenlosen Dimensionen. Ebenso verhält es sich mit der Zeit. Versuche, an eine Sekunde zu denken; dann wirst du, gleichzeitig mit diesem Wahrnehmungsakt, an Zeit denken müssen, die grenzenlos ist. So ist es mit der Erkenntnis. Erkenntnis ist nur ein Keim im Menschen, aber du wirst an unendliche Erkenntnis als Umfeld denken müssen, so dass uns eben die Grundverfassung unseres Geistes zeigt, dass es grenzenlose Erkenntnis gibt, und die Yogis nennen diese Gott.

sa pūrveṣāmapi guruḥ kālena anavacchedāt //26//

26. Er ist der Lehrer sogar der Lehrer alter Zeit, da er nicht durch Zeit begrenzt ist.

Es ist richtig, dass alle Erkenntnis in uns selbst ist, aber diese muss durch eine andere Erkenntnis wachgerufen werden. Obgleich die Fähigkeit zur Erkenntnis in uns liegt, muss sie aufgerufen werden, und dies kann nur geschehen – so erklären die Yogis – durch eine andere Erkenntnis. Tote, gefühllose Materie ruft nie Erkenntnis wach, es ist das Wirken von Erkenntnis, was uns Erkenntnis bringt. Wissende Wesen müssen uns zur Seite stehen, um abzurufen, was in uns ist. Deswegen waren sie stets notwendig. Die Welt war nie ohne sie, und keine Erkenntnis kann ohne sie kommen. Gott ist der Lehrer aller Lehrer, weil sie alle, ganz gleich wie bedeutend sie gewesen sein mögen – ob Götter oder Engel – durch Zeit gebunden und begrenzt waren, während Gott es nicht ist.

Es gibt zwei bedeutende Schlussfolgerungen der Yogis. Die erste ist, dass der Geist, wenn er an das Begrenzte denkt, notwendigerweise an das Unbegrenzte denken muss; und dass, wenn *ein* Teil jener Wahrnehmung wahr ist, es auch der andere sein muss, weil ihr Wert als Wahrnehmung des Geistes gleich ist. Eben die Tatsache, dass der Mensch ein wenig Erkenntnis besitzt, zeigt, dass Gott unbegrenzte Erkenntnis hat. Wenn ich das eine nehme, warum nicht das andere?

Die Vernunft zwingt mich, beide zu nehmen oder beide abzulehnen. Wenn ich glaube, dass es einen Menschen mit ein wenig Erkenntnis gibt, muss ich auch eingestehen, dass hinter ihm jemand mit grenzenloser Erkenntnis steht.

Die zweite Schlussfolgerung ist, dass keine Erkenntnis ohne einen Lehrer kommen kann. Es trifft zu, wie die modernen Philosophen erklären, dass es etwas im Menschen gibt, was sich aus ihm heraus entwickelt; alle Erkenntnis ist im Menschen, aber ein gewisses Umfeld ist notwendig, um sie abzurufen. Wir können keine Erkenntnis ohne Lehrer erlangen. Wenn es menschliche Lehrer gibt, göttliche oder engelhafte, sind sie alle begrenzt; wer war der Lehrer vor ihnen? Wir müssen, als letzte Schlussfolgerung, von *einem* Lehrer ausgehen, der nicht von Zeit begrenzt ist; und dieser Eine Lehrer unendlicher Erkenntnis, ohne Anfang oder Ende, wird Gott genannt.

tasya vācakaḥ praṇavaḥ //27//

27. Das Ihn manifestierende Wort ist Om.

Jeder Gedanke, den man im Geist hat, hat eine Entsprechung in einem Wort; das Wort und der Gedanke sind untrennbar. Der äußere Teil von ein und derselben Sache ist, was wir „Wort" nennen, und der innere Teil ist, was wir „Gedanken" nennen. Kein Mensch kann durch Analyse Gedanke von Wort trennen. Die Vorstellung, dass Sprache von Menschen geschaffen wurde – bestimmten Menschen, die sich zusammensetzten und auf Worte einigten – , hat sich als falsch erwiesen. Solange der Mensch existierte, gab es Wörter und Sprache.

Was ist die Verbindung zwischen Gedanke und Wort? Obgleich wir sehen, dass es immer ein Wort mit einem Gedanken geben muss, ist es nicht notwendig, dass derselbe Gedanke dasselbe Wort erfordert. Der Gedanke mag in zwanzig verschiedenen Ländern derselbe sein, und doch ist die Sprache verschieden. Wir müssen ein Wort haben, um jeden Gedanken auszudrücken, aber diese Wörter müssen nicht notwendigerweise denselben Klang haben. Die Klänge werden von Land zu Land variieren.

Unser Kommentator sagt: „Obgleich die Beziehung zwischen Gedanke und Wort vollkommen natürlich ist, bedeutet es nicht, dass es eine feste Verbindung zwischen einem bestimmten Klang und einem bestimmten Gedanken gibt.“ Diese Klänge variieren, und doch ist die Beziehung zwischen den Klängen und den Gedanken eine natürliche. Die Verbindung zwischen Gedanken und Klängen ist nur dann gut, wenn es eine wirkliche Verbindung zwischen der Sache, die ausgedrückt wird, und dem Symbol gibt; solange wird jenes Symbol nie zum allgemeinen Gebrauch gelangen. Ein Symbol manifestiert das, was ausgedrückt wird, und wenn die Sache, die ausgedrückt wird, bereits existiert und wenn wir aufgrund von Erfahrung wissen, dass das Symbol diese Sache viele Male ausgedrückt hat, so sind wir sicher, dass eine wirkliche Beziehung zwischen ihnen existiert. Selbst wenn die Dinge nicht präsent sind, wird es Tausende geben, die sie in Form ihrer Symbole kennen. Es muss eine natürliche Verbindung zwischen dem Symbol und der Sache, die ausgedrückt wird, geben; wenn dann jenes Symbol geäußert wird, ruft es die Sache, die ausgedrückt wird, in Erinnerung.

Der Kommentator sagt, Om sei das Wort, das Gott manifestiere. Warum hebt er dieses Wort hervor? Es gibt Tausende Wörter für Gott. Ein einziger Gedanke ist mit tausend Wörtern verbunden; der Gedanke „Gott“ ist mit hunderten Wörtern verbunden, und ein jedes steht da als Symbol Gottes. Gut und schön. Aber es muss *eine* Verallgemeinerung unter allen Zeit-Wörtern geben, ein Substrat, eine gemeinsame Grundlage all dieser Symbole, und jenes, welches das gemeinsame Symbol ist, wird das Beste sein und sie alle repräsentieren.

Wenn wir einen Ton erzeugen, gebrauchen wir den Kehlkopf und den Gaumen als Resonanzboden. Gibt es irgendeinen physischen Ton, von dem alle anderen Töne Manifestationen sein müssen, einen, welcher der natürlichste ist? Om (Aum) ist ein solcher Ton, die Grundlage von allen. Der erste Buchstabe, *A*, ist der Wurzelton, der Schlüssel, und wird ausgesprochen, ohne irgendeinen Teil der Zunge oder des Gaumens zu berühren. *M* steht für den letzten Ton in der Serie und wird mit geschlossenen Lippen ausgesprochen. Das *U* wiederum rollt von der ureigenen Wurzel hin zum Ende des Resonanzbodens des Mundes. So steht Om für all die Phänomene der Tonerzeugung. Als solches muss es das natürliche Symbol sein, die Matrix all der verschiedenen Töne. Es bezeichnet den gesamten Bereich und die Möglichkeit aller Wörter, die erzeugt werden können.

Abgesehen von diesen Spekulationen sehen wir, dass um dieses Wort Om all die verschiedenen religiösen Vorstellungen in Indien kreisen; all die vielfältigen religiösen Vorstellungen der Veden sind um dieses Wort Om herum angesiedelt. Aber was hat das mit Amerika und England oder sonst einem Land zu tun? Einfach dies, dass das Wort in jedem Stadium religiöser Entwicklung in Indien bewahrt wurde, und es wurde dahingehend erweitert, dass es all die verschiedenen Vorstellungen über Gott zum Ausdruck bringt. Monisten, Dualisten, Mono-Dualisten, Sektierer und sogar Atheisten haben dieses Om herangezogen. Es wurde zum einen Symbol für das religiöse Streben der großen Mehrheit der Menschen. Nehmen wir z.B. das englische Wort Gott. Es erfasst nur einen begrenzten Bedeutungsbereich, und wenn man darüber hinaus geht, muss man Adjektive hinzufügen, um es zum Persönlichen oder Unpersönlichen oder Absoluten Gott zu machen. Ebenso verhält es sich mit Wörtern für Gott in jeder anderen Sprache; ihr Bedeutungsfeld ist sehr gering. Aber dieses Wort Om trägt in sich all die verschiedenen Bedeutungen. Als solches sollte es von allen akzeptiert werden.

taj-japas tad-artha-bhāvanam //28//

28. Die Wiederholung dieses (Om) und Meditation über seine Bedeutung (ist der Weg).

Warum sollte es eine Wiederholung geben? Wir haben nicht die Theorie der Samskaras vergessen, dass die Gesamtsumme von Impressionen im Geist fortlebt. Sie werden zunehmend latent, bleiben aber dort, und sobald sie den rechten Stimulus bekommen, treten sie hervor. Die molekulare Schwingung hört nie auf. Wenn dieses Universum zerstört wird, verschwinden all die massiven Schwingungen; die Sonne, Mond, Sterne und die Erde zerschmelzen; aber die Schwingungen bleiben in den Atomen. Jedes Atom erfüllt dieselbe Funktion wie die großen Welten. Selbst wenn also die Schwingungen des Citta zum Erliegen kommen, laufen seine molekularen Schwingungen weiter und treten wieder hervor, wenn sie den Impuls bekommen.

Wir können jetzt verstehen, was mit Wiederholung gemeint ist. Es ist der größte Stimulus, der den spirituellen Samskaras gegeben werden kann. „Ein einziger Augenblick der Gemeinschaft mit Heiligen lässt ein Schiff diesen Ozean des Lebens überqueren." Solcherart ist die Kraft der Gemeinschaft. Om zu wiederholen und an seine Bedeutung zu denken, heißt also, im Geist gute Gesellschaft zu pflegen. Studiere, und dann meditiere über das, was du studiert hast. So wird Licht zu dir kommen, das Selbst wird offenbar werden.

Aber man muss an Om denken und auch an seine Bedeutung. Vermeide schlechte Gesellschaft, denn du trägst die Narben alter Wunden in dir und schlechte Gesellschaft ist eben jenes, was erforderlich ist, um sie wieder wachzurufen. In derselben Weise hören wir, dass gute Gesellschaft die guten Eindrücke abrufen werde, die in uns sind, aber latent geworden sind. Es gibt nichts Heiligeres in der Welt, als gute Gesellschaft zu pflegen, weil die guten Eindrücke dann dazu neigen werden, an die Oberfläche zu kommen.

tataḥ pratyak-cetanā-adhigamo'pyantarāya-abhāvaśca //29//

29. Daraus ergibt sich (die Erkenntnis der) Innenschau und das Beseitigen von Hindernissen.

Das erste Ergebnis der Wiederholung von Om und des Denkens daran ist, dass sich die Kraft der Innenschau mehr und mehr manifestieren wird, all die mentalen und physischen Hindernisse werden beginnen zu verschwinden. Welches sind dann die Hindernisse für den Yogi?

vyādhi-styāna-saṁśaya-pramāda-ālasya-avirati-bhrāntidarśana-alabdhabhūmikatva-anavasthitatvāni citta-vikṣepās te'ntarāyāḥ //30//

30. Krankheit, geistige Trägheit, Zweifel, Uninspiriertheit, Lethargie, das Festhalten an Sinnesfreuden, falsche Wahrnehmung, unstetige Konzentration und das Absinken vom erlangten Zustand sind die hinderlichen Ablenkungen.

Krankheit. Dieser Körper ist das Schiff, das uns ans andere Ufer des Ozeans des Lebens tragen wird. Man muss sich um ihn kümmern. Ungesunde Menschen können nicht Yogis sein. *Geistige Trägheit* lässt uns alles lebendige Interesse an der Sache verlieren, ohne das es weder den Willen noch die Kraft für die Übung geben wird. *Zweifel* werden im Geist aufkommen bezüglich der Wahrheit der Wissenschaft, ganz gleich wie stark auch die eigene intellektuelle Überzeugung sein mag, bis bestimmte seelische Erfahrungen kommen wie das Hören oder Sehen auf Entfernung usw. Diese kleinen Visionen kräftigen den Geist und führen dazu, dass der Übende durchhält. *Das Absinken...* Einige Tage oder Wochen geschieht es, wenn du übst, dass der Geist ruhig ist und mühelos konzentriert, und du hast das Gefühl, schnellen Fortschritt zu machen. Eines Tages jedoch wird der Fortschritt ganz plötzlich stoppen und du hast das Gefühl, gestrandet zu sein. Bleib dran. Aller Fortschritt erfolgt durch ein solches Auf und Ab.

duḥkha-daurmanasya-aṅgamejayatva-śvāsa-praśvāsā vikṣepa-sahabhuvaḥ //31//

31. Kummer, Trübsal, Körperzittern, unregelmäßiges Atmen gehen einher mit Zerstreuung.

Konzentration wird Geist und Körper vollkommene Ruhe bringen, wann immer sie geübt wird. Wenn die Übung fehlgerichtet ist oder nicht hinreichend unter Kontrolle, stellen sich diese Störungen ein. Wiederholung von Om und Selbsthingabe an den Herrn werden den Geist kräftigen und frische Energie bringen. Nervöses Zittern wird fast jeden heimsuchen. Ignoriere sie und übe stetig weiter. Übung wird die Störungen beseitigen und einen stabilen Sitz herbeiführen.

tat-pratiṣedha-artham ekatattva-abhyāsaḥ //32//

32. Um diesem abzuhelfen, (ist) die Übung *eines* Gegenstands (zu unternehmen).

Wenn man den Geist dazu bringt, sich eine Zeit lang nur auf *einen* Gegenstand zu konzentrieren, so wird es diese Hindernisse beseitigen. Dies ist der generelle Rat. In den folgenden Aphorismen wird er erweitert und spezifiziert werden. Da ein und dieselbe Übung nicht allen liegen kann, werden verschiedene Methoden präsentiert werden, und jeder wird durch die eigene Erfahrung jene ermitteln, die ihm am meisten hilft.

maitrī-karuṇā-muditā-upekṣānāṁ sukha-duḥkha-puṇya-apuṇya-viṣayāṇāṁ bhāvanātaś citta-prasādanam //33//

33. Freundschaft, Mitgefühl, Frohsinn und Gleichmut, zum Tragen gebracht gegenüber glücklichen und unglücklichen sowie guten und bösen Gedanken, führen die Ruhe des Geistes herbei.

Wir müssen diese vier Arten von Gedanken haben. Wir müssen Freundschaft gegenüber allen haben; wir müssen barmherzig sein gegenüber jenen, die im Leid sind; wenn Menschen glücklich sind, sollten wir glücklich sein; und gegenüber den Bösen müssen wir gleichgültig sein. Ebenso mit allen Dingen, die uns begegnen. Wenn es etwas Gutes ist, sollten wir ihm freundlich begegnen; wenn es etwas Leidvolles ist, sollten wir Mitgefühl zeigen. Wenn es gut ist, sollten wir froh sein; wenn es böse ist, müssen wir gleichmütig sein.

Diese geistigen Haltungen gegenüber den verschiedenen Dingen, die ihm begegnen, werden den Geist friedvoll machen. Die meisten unserer Probleme im täglichen Leben rühren daher, dass wir nicht in der Lage sind, unseren Geist in dieser Weise zu fokussieren. Wenn uns z.B. jemand Böses tut, wollen wir sofort auf das Böse reagieren, und jede solche Reaktion zeigt, dass wir nicht in der Lage sind, das Citta zu zügeln. Es entfaltet sich in Wellen gegenüber dem Objekt und wir verlieren die Kontrolle. Jede Reaktion in der Form von Hass oder Bösem resultiert in einem entsprechenden Verlust für den Geist; und jeder böse Gedanke oder eine böse Tat, oder jeder Gedanke der Reaktion, wird – wenn unter Kontrolle gehalten – zu unserem Besten sein. Es ist nicht so, dass wir verlieren, wenn wir uns in dieser Weise zügeln; wir gewinnen unendlich viel mehr, als wir vermuten. Jedes Mal, wenn wir Hass unterdrücken, oder ein Gefühl des Ärgers, wird entsprechend viel gute Energie zu unseren Gunsten angehäuft; und diese wird dann in höhere Kräfte umgesetzt.

pracchardana-vidhāraṇābhyāṁ vā prāṇasya //34//

34. Durch das Ausstoßen und Anhalten des Atems.

Das hier benutzte Wort ist Prāna. Prana ist nicht exakt Atem. Es ist der Name für die Energie, die sich im Universum findet. Alles, was wir im Universum sehen, was sich bewegt oder aktiv ist oder Leben besitzt, ist eine Manifestation dieses Prana. Die Gesamtsumme der im Universum aktiven Energie wird Prana genannt. Dieses Prana bleibt vor Beginn eines Zyklus in einem fast reglosen Zustand; und wenn der Zyklus anfängt, beginnt dieses Prana sich zu manifestieren. Dieses Prana ist es, was sich als Bewegung manifestiert – als Nervenstrom in Menschen oder Tieren; und dasselbe Prana manifestiert sich als Denken usw. Das ganze Universum ist eine Kombination von Prana und Ākāsha[1]; ebenso auch der menschliche Körper. Aus dem Akasha erhalten wir die verschiedenen Materialien, die wir fühlen und sehen, und aus dem Prana all die verschiedenen Kräfte. Dieses Ausstoßen und Anhalten des Prana ist es, was Pranayama genannt wird.

Patanjali, der Urvater der Yoga-Philosophie, gibt nicht viele bestimmte Anweisungen hinsichtlich des Pranayama, aber in späterer Zeit haben andere Yogis diesbezüglich verschiedene Dinge herausgefunden und eine große Wissenschaft daraus gemacht. Bei Patanjali ist es einer von vielen Wegen, aber er legt nicht viel Gewicht darauf. Er will sagen, dass man schlicht die Luft ausstößt und einzieht und eine Weile anhält, das ist alles, und dadurch wird der Geist ein wenig ruhiger werden. Aber später hat sich daraus eine bestimmte Wissenschaft namens Pranayama entwickelt. Wir werden nun ein wenig von dem, was diese späteren Yogis dazu sagen, wiedergeben.

Einiges davon habe ich bereits referiert, aber ein wenig Wiederholung wird helfen, es im Geist zu verfestigen. Zunächst einmal sollte

---

[1] Das Element „Äther“.

bedacht werden, dass dieses Prana nicht der Atem ist, sondern jenes, was den Atemstrom verursacht und die Vitalität des Atems ausmacht, ist der Prana. Und ferner wird das Wort Prana für alle Sinne gebraucht; sie werden Pranas genannt, der Geist wird so genannt, und so sehen wir, dass Prana Kraft ist. Und doch können wir es nicht Kraft nennen, weil Kraft nur dessen Manifestation ist. Es ist jenes, was sich mittels Bewegung als Kraft und alles andere manifestiert. Das Citta, das Mentale, ist die Maschine, welche den Prana von außen aufnimmt und aus ihm die verschiedenen vitalen Kräfte erschafft – jene, die den Körper erhalten – und Gedanke, Willen und all die anderen Kräfte. Durch den oben erwähnten Vorgang des Atmens können wir all die verschiedenen Bewegungen im Körper kontrollieren und ebenso auch die verschiedenen Nervenströme im Körper. Zuerst beginnen wir sie zu erkennen und dann erlangen wir allmählich Kontrolle über sie.

Diese späteren Yogis gehen nun davon aus, dass es drei Hauptströme dieses Pranas im menschlichen Körper gibt. Den einen nennen sie Idā, einen anderen Pingalā und den dritten Sushumnā. Pingala liegt nach ihrer Auffassung auf der rechten Seite der Wirbelsäule, und Ida auf der linken. Und in der Mitte der Wirbelsäule liegt die Sushumna, ein leerer Kanal. Ida und Pingala sind nach dieser Auffassung die Ströme, die in jedem Menschen aktiv sind, und durch diese Ströme erfüllen wir alle Lebensfunktionen. Sushumna ist in allen als Möglichkeit angelegt, ist aber nur im Yoga aktiv. Ihr müsst bedenken, dass Yoga den Körper verändert. Indem die Übung voran schreitet, verändert sich der Körper. Es ist nicht derselbe Körper, den man vorher hatte. Das ist sehr rational und lässt sich erklären, denn jeder neue Gedanke, den wir haben muss gleichsam einen neuen Kanal durchs Gehirn legen, und das erklärt den großen Konservativismus der menschlichen Natur. Sie beschreitet gern ausgetretene Pfade, weil dies leicht ist.

Wenn wir z.B. denken, der Geist sei wie eine Nadel und die Gehirnsubstanz eine sanfte Masse vor ihm, so erschafft jeder Gedanke, den wir haben, gleichsam einen Pfad in ihr, und dieser Pfad würde sich [sogleich] schließen, gäbe es nicht die graue Materie, die ins Spiel kommt und eine Unterfütterung bildet, um ihn separat zu halten. Aber wenn es keine graue Materie gäbe, gäbe es auch keine Erinnerung, denn Erinnerung bedeutet, diese alten Pfade durchzugehen, um gleichsam einen Gedanken aufzuspüren. Nun habt ihr vielleicht bemerkt: wenn man über Themen spricht, bei denen man einige Gedanken aufgreift, die jedem vertraut sind, und sie immer wieder neu kombiniert, ist es leicht, ihnen zu folgen, weil diese Kanäle schon in jedermanns Gehirn existieren und man nur auf sie zurückgreifen muss. Wenn aber ein neues Thema kommt, müssen neue Kanäle geschaffen werden, daher wird es nicht ohne weiteres verstanden. Und deswegen weigert sich das Gehirn (dies ist es, und nicht die Menschen selbst) unterbewusst, neue Gedanken auf sich einwirken zu lassen. Es leistet Widerstand. Prana versucht, neue Kanäle zu schaffen, und das Gehirn will es nicht zulassen.

Je weniger Kanäle es im Gehirn gab und je weniger die Nadel des Prana diese Passagen erarbeitet hat, desto konservativer wird das Gehirn sein, desto stärker wird es gegen neue Gedanken ankämpfen. Je nachdenklicher ein Mensch ist, desto komplexer werden die Pfade in seinem Gehirn sein und desto leichter wird er neue Ideen aufgreifen und sie verstehen. So erschaffen wir mit jedem neuen Gedanken eine neue Impression im Gehirn, legen neue Kanäle durch die Gehirnmasse, und deshalb erleben wir, dass es bei der Yoga-Praxis (weil sie eine völlig neue Gruppierung von Gedanken und Motiven ist) zunächst so viel physischen Widerstand gibt. Aus diesem Grund ist es so, dass jener Teil der Religion, der sich mit der weltlichen Seite der Natur beschäftigt, so umfassend akzeptiert wird, während der andere Teil, die Philosophie oder die Psychologie, welche es mit dem inneren Wesen des Menschen zu tun hat, so häufig vernachlässigt wird.

Wir müssen uns an die Definition dieser unserer Welt erinnern: es ist nur das unendliche Sein, projiziert auf die Ebene des Bewusstseins. Ein wenig vom Unendlichen wird ins Bewusstsein projiziert, und das nennen wir unsere Welt. Also gibt es ein Unendliches jenseits; und die Religion muss sich mit Beidem beschäftigen – mit dem kleinen Klumpen, den wir unsere Welt nennen, und mit dem Unendlichen jenseits. Jede Religion, die sich nur mit einem dieser beiden Aspekte beschäftigt, wird einen Mangel aufweisen. Beide müssen erfasst werden. Jener Teil der Religion, der sich mit dem Teil des Unendlichen beschäftigt, der auf die Bewusstseinsebene gekommen ist, wurde gleichsam auf der Bewusstseinsebene eingefangen, im Käfig von Zeit, Raum und Kausalität, und ist uns vertraut, weil wir uns bereits darin befinden, und Gedanken über diese Welt haben uns fast seit unvordenklicher Zeit begleitet. Der Teil der Religion, der sich mit dem Unendlichen jenseits beschäftigt, ist etwas ganz Neues für uns, und wenn man dazu Gedanken aufnimmt, erzeugt dies neue Kanäle im Gehirn, was eine Störung im gesamten System hervorruft. Deshalb sehen wir, dass gewöhnliche Menschen bei der Yoga-Praxis zunächst aus der Spur kommen. Um diese Störungen so weit wie möglich zu reduzieren, wurden all diese Methoden von Patanjali entworfen, damit wir eine solche üben, die uns am besten liegt.

viṣayavatī vā pravṛttir utpannā manasaḥ sthitinibandhanī //35//

35. Jene Formen der Konzentration, die außergewöhnliche Sinneswahrnehmungen mit sich bringen, führen zur Beständigkeit des Geistes.

Dies stellt sich auf natürliche Weise mit Dhāranā ein, der Konzentration; die Yogis sagen: wenn der Geist sich auf die Nasenspitze konzentriert, beginnt man nach einigen Tagen wunderbare Parfums zu riechen. Wenn er sich an der Zungenwurzel konzentriert, beginnt man Klänge zu hören; wenn an der Zungenspitze, beginnt man wunderbare Aromen zu schmecken; wenn an der Zungenmitte, habe man das Gefühl, als ob man mit etwas in Kontakt käme. Wenn man sich wiederum am Gaumen konzentriert, beginnt man besondere Dinge zu sehen. Wenn jemand mit verwirrtem Geist diese Yoga-Praktiken üben will, aber an ihrer Wahrheit zweifelt, so werden seine Zweifel ausgeräumt werden, wenn sich diese Erfahrungen bei ihm einstellen, und er wird durchhalten.

viśokā vā jyotiṣmatī //36//

36. Oder (durch die Meditation über) das Strahlende Licht, das jenseits aller Sorge ist.

Dies ist eine andere Art der Konzentration. Denkt an den Lotus des Herzens, mit nach unten gerichteten Blumenblättern und der Sushumna, die ihn durchläuft; atmet ein, und beim Ausatmen stellt euch vor, der Lotus mit den Blumenblättern sei nach oben gerichtet, und im Lotus befindet sich ein strahlendes Licht. Darüber meditiert.

vītarāga-viṣayaṁ vā cittam //37//

37. Oder (durch Meditation über) das Herz, das alle Anhaftung an Sinnesgegenstände aufgegeben hat.[1]

Denkt an einen heiligen Menschen, einen bedeutenden Menschen, den ihr verehrt, einen Heiligen, von dem ihr wisst, dass er vollkommen gelöst ist von den Dingen, und denkt an sein Herz. Dieses Herz hat Befreiung erlangt, und meditiert über dieses Herz; das wird den Geist zur Ruhe bringen. Falls ihr das nicht könnt, folgt hier der nächste Weg:

svapna-nidrā-jñāna-ālambanaṁ vā //38//

38. Oder durch Meditation über die Erkenntnis, die im Schlaf eintritt.

Manchmal geschieht es, dass jemand träumt, er habe gesehen, wie Engel zu ihm kommen und mit ihm reden, oder dass er in einem ekstatischen Zustand ist, dass er Musik durch die Luft schweben hört. Er ist in diesem Traum in einem glückseligen Zustand, und wenn er aufwacht, hinterlässt es einen tiefen Eindruck bei ihm. Stellt euch diesen Traum als real vor und meditiert darüber. Wenn ihr dies nicht könnt, so meditiert über irgendetwas Heiliges, das euch Freude bringt.

yathā-abhimata-dhyānād-vā //39//

39. Oder durch die Meditation über irgendetwas, was positiv an-

---

[1] Vivekananda übersetzt *citta* in diesem Aphorismus mit *Herz*. Diese Bedeutung ist lexikalisch belegt, obgleich nicht speziell für das Yogasutra.

spricht.

Also nicht etwas Negatives, sondern etwas Gutes, was ihr mögt, ein Ort, der euch am besten gefällt, eine Szenerie, die euch sehr anspricht, oder eine Vorstellung, die ihr sehr mögt, alles, was den Geist zur Konzentration bringt.

parama-aṇu-parama-mahattva-anto'sya vaśīkāraḥ //40//

40. Der Geist des Yogis, der so meditiert, wird hindernisfrei vom Kleinsten bis zum Unendlichen.

Der Geist kontempliert durch diese Praxis über die kleinsten ebenso wie die größten Dinge. So werden die Wellen, die der Geist schlägt, schwächer.

kṣīṇa-vṛtter-abhijātasya iva maṇer grahītṛ-grahaṇa-grāhyeṣu tatstha-tadañjanatā samāpattiḥ //41//

41. Der Yogi, dessen Vrittis auf diese Weise kraftlos (kontrolliert) geworden sind, erlangt im Empfänger, (dem Instrument des) Empfangens, und dem Empfangenen (dem Selbst, dem Geist und äußeren Objekten) Konzentriertheit und Gleichheit wie der Kristall (vor verschiedenen farbigen Objekten).

Was resultiert aus dieser ständigen Meditation? Wir müssen daran denken, wie Patanjali in einem früheren Aphorismus in die verschiedenen Zustände der Meditation ging, wie der erste der grobstoffliche war, der zweite der feinstoffliche, und von ihnen wurde zu noch feineren Gegenständen fortgeschritten. Das Resultat dieser Meditationen ist, dass wir ebenso leicht über die feinen wie groben Objekte meditieren können. Hier schaut der Yogi die drei Dinge, den Empfänger, das Empfangene und das empfangende Instrument, was der Seele, den äußeren Objekten und dem Geist entspricht.

Es gibt drei Gegenstände der Meditation. Erstens, die grobstofflichen Dinge wie die Körper oder materiellen Gegenstände. Zweitens, die feinstofflichen Dinge wie den Geist, das Citta, und drittens, den bedingten Purusha, d.h. nicht den Purusha selbst, sondern den Ich-Sinn. Durch Übung wird der Yogi in all diesen Meditationen verankert. Wann immer er meditiert, kann er alle anderen Gedanken fernhalten; er wird mit dem identifiziert, worüber er meditiert. Wenn er meditiert, ist er wie ein Stück Kristall. Vor Blumen gleicht sich der Kristall fast den Blumen an. Wenn die Blume rot ist, sieht der Kristall rot aus, oder wenn die Blume blau ist, schaut der Kristall blau aus.

śabdārtha-jñāna-vikalpaiḥ saṁkīrṇā savitarkā samāpattiḥ //42//

42. Klang, Bedeutung und die resultierende Erkenntnis, miteinander vermengt, (wird) Samadhi mit Reflexion (genannt).

Klang bedeutet hier Schwingung, d.h. die Nervenströme, die sie tragen; und Erkenntnis, Reaktion. All die verschiedenen Meditationen, die wir bisher erwähnten, nennt Patanjali Savitarka (Meditation mit Reflexion). Später gibt er uns immer höhere Dhyānas. In jenen, die „mit Reflexion" genannt werden, bewahren wir die Dualität von Subjekt und Objekt, was aus der Mischung von Wort, Bedeutung und Erkenntnis resultiert. Zunächst haben wir die äußere Schwingung, das Wort. Wenn dieses von den Sinnenströmen nach innen getragen wird, ist es die Bedeutung. Danach erfolgt eine Welle der Reaktion im Citta, welches Erkenntnis ist, aber [eigentlich] konstituiert die Mischung dieser drei jenes, was wir Erkenntnis nennen. In allen Meditationen bis zu dieser erhalten wir diese Mischung als Gegenstände der Meditation. Der nächste Samadhi ist höher.

smṛti-pariśuddhau svarūpa-śūṇyā iva arthamātra-nirbhāsā nirvitarkā //43//

43. Der Samadhi „ohne Reflexion" (tritt ein), wenn die Erinnerung gereinigt ist oder ohne Eigenschaften, indem sie nur die Bedeutung (des Gegenstandes, über den meditiert wird) ausdrückt.

Durch die Übung der Meditation über diese drei gelangen wir zu jenem Zustand, wo sie sich nicht vermischen. Wir können uns von ihnen befreien. Zuerst aber werden wir versuchen zu verstehen, was sie sind. Da haben wir das Citta; ihr werdet euch stets erinnern an das Bild von der Geistsubstanz als einem See, und der Schwingung, dem Wort, dem Klang als ein Pulsieren, das über ihn hinwegzieht. Ihr habt diesen stillen See in euch, und nun spreche ich das Wort „Kuh“. Sobald ihr es durch die Ohren aufnehmt, wird in eurem Citta gleichzeitig eine Welle erzeugt. Diese Welle also steht für die Vorstellung der Kuh, die Form oder die Bedeutung, wie wir es nennen. Die augenscheinliche Kuh, die ihr kennt, ist tatsächlich die Welle im Geist, die sich als Reaktion auf die inneren und äußeren Klangschwingungen einstellt. Mit dem Klang verebbt auch die Welle, sie kann nie ohne ein Wort existieren. Ihr könnt nun fragen, wie es ist, wenn wir nur an die Kuh denken und nicht einen Klang hören. Ihr selbst erzeugt den Klang. Ihr sagt „Kuh“ leise im Geist, und damit kommt eine Welle.

Es kann keine Welle geben ohne diesen Klang-Impuls; und wenn sie nicht von außen kommt, so von innen, und wenn der Klang verebbt, so auch die Welle. Was bleibt? Das Ergebnis der Reaktion, und das ist Erkenntnis. Diese drei sind in unserem Geist so eng miteinander verbunden, dass wir sie nicht trennen können. Wenn der Klang kommt, vibrieren die Sinne, und die Welle steigt auf als Reaktion; sie folgen so eng auf einander, dass man die eine nicht von der anderen auseinander halten kann. Wenn diese Meditation lange Zeit geübt wurde, wird die Erinnerung, der Empfänger aller Impressionen, geläutert und wir sind in der Lage, sie deutlich voneinander zu unterscheiden. Dies heißt Nirvitarka, Konzentration ohne Reflexion.

etayā eva savicārā nirvicārā ca sūkṣma-viṣayā vyākhyātā //44//

44. Durch diesen Vorgang werden (die Konzentrationen) mit Differenzierung und ohne Differenzierung, deren Gegenstände feinstofflicher sind, (ebenfalls) erklärt.

Ein ähnlicher Vorgang wie der vorherige wird wieder angewandt; nur sind die Gegenstände, die bei den vorherigen Meditationen herangezogen werden, grobstofflich, hier aber feinstofflich.

sūkṣma-viṣayatvaṁ ca aliṅga-paryavasānam //45//

45. Die feinstofflicheren Gegenstände enden mit dem Pradhāna.

Die grobstofflichen Gegenstände sind nur die Elemente sowie alles, was aus ihnen hergestellt wird. Die feinstofflichen Dinge beginnen mit den Tanmatras oder feinstofflichen Partikeln. Die Organe, der Geist, (das allgemeine Sensorium, das Aggregat aller Sinne), der Ich-Sinn, die Geistsubstanz (Ursache aller Manifestation), der Zustand des Gleichgewichts von Sattva-, Rajas- und Tamas-Materialien – genannt Pradhāna (Grundlage), Prakriti (Natur) oder Avyakta (unmanifest) – gehören alle zur Kategorie der feinstofflichen Dinge, mit Ausnahme des Purusha, der Seele.

tā eva sabījaḥ samādhiḥ //46//

46. Diese Konzentrationen sind [der Samadhi] „mit Keim".

Diese zerstören nicht die Keime vergangener Handlungen und können so nicht zur Befreiung führen. Was sie aber dem Yogi bringen, wird im folgenden Aphorismus ausgeführt:

nirvicāra-vaiśāradye'dhyātmaprasādaḥ //47//

47. Wenn die Konzentration „ohne Differenzierung" geläutert ist, wird das Citta fest fokussiert.

ṛtambharā tatra prajñā //48//

48. Die Erkenntnis darin wird bezeichnet als „erfüllt von der Wahrheit".

Der nächste Aphorismus erläutert dies:

śruta-anumāna-prajñābhyām anyaviṣayā viśesa-arthatvāt //49//

49. Die Erkenntnis, die durch Überlieferung und Schlussfolgerung gewonnen wird, bezieht sich auf allgemeine Gegenstände. Jene vom Samadhi her, wie oben erwähnt, ist von viel höherer Art, da sie in der Lage ist, zu ergründen, was für Schlussfolgerung und Überlieferung unerreichbar ist.[1]

Damit soll gesagt werden: die Erkenntnis gewöhnlicher Gegenstände müssen wir durch direkte Wahrnehmung erlangen und mittels Schlussfolgerung auf deren Grundlage, sowie durch das Zeugnis von Menschen, die kompetent sind. Mit dem letzteren meinen die Yogis stets die Rishis oder die Seher von den Gedanken, die in den heiligen Schriften aufgezeichnet sind – den Veden. Nach ihrer Aussage ist der einzige Beweis der heiligen Schriften jener, dass sie das Zeugnis kompetenter Menschen waren; und doch sagen sie, die heiligen Schriften könnten uns nicht zur Verwirklichung führen. Wir können alle Veden lesen, und doch werden wir nichts verwirklichen. Wenn wir aber ihre Lehren praktizieren, erlangen wir jenen Zustand, der verwirklicht, was die Schriften sagen, und der dorthin vordringt, wohin weder Verstand noch Wahrnehmung oder Schlussfolgerung gelangen können und wo das Zeugnis anderer nicht von Nutzen ist. Dies ist die Bedeutung des Aphorismus.

Verwirklichung ist wirkliche Religion, alles übrige ist nur Vorbereitung – Vorträge hören, Bücher lesen oder Nachdenken heißt nur, den Boden zu bereiten; es ist nicht Religion. Intellektuelle Zustimmung und Ablehnung sind nicht Religion. Die Kernidee der Yogis ist: ebenso wie wir in direkten Kontakt mit den Sinnesobjekten gelangen, so kann auch die Religion in weit intensiverem Sinn direkt wahrgenommen werden. Die Wahrheiten der Religion, wie Gott und Seele, kön-

[1] Eine sehr interpretative Übertragung. Wörtlich heißt es im zweiten Satz nur: „Denn sie ist von besonderer Art“.

nen nicht von den äußeren Sinnen wahrgenommen werden. Ich kann Gott nicht mit meinen Augen sehen und ihn auch nicht mit meinen Händen berühren, und wir wissen auch, dass wir jenseits der Sinne nicht Dinge verstandesmäßig ergründen können. Der Verstand belässt uns an einem Punkt ganz unschlüssig; wir können unser ganzes Leben lang denken und schlussfolgern, wie es die Welt Tausende Jahre lang getan hat, und das Resultat ist, dass wir erkennen, dass wir nicht berufen sind, die Tatsachen der Religion zu beweisen oder zu widerlegen. Was wir direkt wahrnehmen, nehmen wir als die Grundlage, und auf dieser Grundlage *denken* wir. Also liegt es auf der Hand, dass das Denken innerhalb dieser Grenzen der Wahrnehmung ablaufen muss. Es kann nie darüber hinaus gehen. Der ganze Bereich der Verwirklichung ist daher jenseits der Sinneswahrnehmung.

Die Yogis sagen, der Mensch könne über seine direkte Sinneswahrnehmung hinausgehen, und auch über seinen Verstand. Der Mensch trägt in sich die Fähigkeit, die Kraft, selbst seinen Intellekt zu transzendieren, eine Kraft, die in jedem Wesen, jedem Geschöpf ist. Durch die Übung des Yoga wird jene Kraft erweckt, und dann überschreitet der Mensch die gewöhnlichen Grenzen des Verstands, und nimmt direkt Dinge wahr, die jenseits allen Verstandes sind.

taj-jaḥ saṁskāro'nya-saṁskāra-pratibandhī //50//

50. Die Impression, die aus diesem Samadhi resultiert, steht allen anderen Impressionen entgegen.

Im vorangehenden Aphorismus haben wir gesehen, dass der einzige Weg, jenes Überbewusstsein zu erlangen, in der Konzentration liegt, und wir haben auch gesehen, dass jenes, was den Geist an der Konzentration hindert, die vergangenen Samskaras, Impressionen, sind. Ihr alle habt es beobachtet, dass, wenn ihr euren Geist zu konzentrieren versucht, eure Gedanken wandern. Wenn ihr an Gott zu denken versucht, erscheinen eben dann diese Samskaras. Zu anderen Zeiten sind sie nicht so aktiv; aber wenn ihr sie nicht haben wollt, treten sie sicher auf und versuchen ihr bestes, euren Geist zu bevölkern.

Warum sollte das so sein? Warum sollten sie zur Zeit der Konzentration so viel mehr Kraft haben? Der Grund ist, ihr drängt sie zurück und sie reagieren mit all ihrer Kraft. Zu anderen Zeiten reagieren sie nicht. Wie zahllos müssen diese alten vergangenen Impressionen sein, die alle irgendwo im Citta angesiedelt sind, bereit, wie Tiger in Bereitschaft, um aufzuspringen. Diese sind zu unterdrücken, damit die eine Vorstellung, die wir uns wünschen, hervortreten möge, unter Ausschluss der anderen. Stattdessen ringen sie aber alle darum, gleichzeitig hervorzutreten. Dies sind die verschiedenen Kräfte der Samskaras, welche den Geist von der Konzentration abhalten. So ist dieser Samadhi, der gerade erörtert wurde, derjenige, der am besten geübt werden sollte, weil er die Kraft besitzt, die Samskaras zu unterdrücken. Der Samskara, der durch diese Art Konzentration hervorgebracht wird, wird so machtvoll sein, dass er die Aktion der anderen blockieren und unter Kontrolle halten wird.

tasyāpi nirodhe sarva-nirodhān nirbījaḥ samādhiḥ //51//

51. Durch die Kontrolle selbst dieser (Impression, die alle anderen Impressionen blockiert), tritt der „keimlose" Samadhi ein, da alles unter Kontrolle ist.

Ihr erinnert euch daran, dass es unser Ziel ist, die Seele selbst wahrzunehmen. Wir können die Seele nicht wahrnehmen, weil sie mit der Natur, dem Geist, dem Körper vermischt wurde. Der unwissende Mensch denkt, sein Körper sei die Seele. Der gelehrte Mensch denkt, sein mentaler Geist sei die Seele. Aber beide liegen falsch. Wodurch wird die Seele mit all dem vermischt? Verschiedene Wellen steigen im Citta auf und legen sich über die Seele; wir sehen nur eine kleine Widerspiegelung der Seele durch diese Wellen; wenn also die Welle eine des Ärgers ist, sehen wir die Seele als sich ärgernd und sagen, „ich bin verärgert." Wenn es eine der Liebe ist, sehen wir uns in jener Welle widergespiegelt und sagen, wir lieben. Wenn es eine Welle der Schwäche ist und die Seele darin widergespiegelt wird, denken wir, dass wir schwach sind. Diese verschiedenen Vorstellungen kommen von diesen Impressionen, den Samskaras, die sich über die Seele legen. Die wahre Natur der Seele wird nicht wahrgenommen, solange es auch nur eine einzige Welle im See des Citta gibt; diese wahre Natur wird nie wahrgenommen werden, bis alle Wellen sich gelegt haben.

So lehrt uns Patanjali erstens die Bedeutung dieser Wellen; zweitens den besten Weg, um sie zu unterdrücken; und drittens, wie man *eine* Welle so stark macht, dass sie alle anderen unterdrückt, so wie Feuer, das Feuer verzehrt. Wenn nur eine bleibt, wird es leicht sein, sie auch zu unterdrücken, und wenn sie fort ist, wird dieser Samadhi oder diese Konzentration „ohne Keim" genannt. Sie lässt nichts zurück, und die Seele wird offenbar so, wie sie ist, in ihrer eigenen Herrlichkeit. Dann allein wissen wir, dass die Seele nicht ein Verbund ist; sie ist das alleinige ewige Einfache im Universum und kann als solches nicht geboren werden, nicht sterben; sie ist unsterblich, unzerstörbar, die immer lebendige Essenz von Intelligenz.

2. Kapitel

Konzentration – die Praxis

tapaḥ-svādhyāya-īśvara-praṇidhānāni kriyāyogaḥ //1//

1. Askese, Studien und die Überantwortung der Früchte der Werke an Gott werden Kriyā Yoga genannt.

Jene Samādhis, mit denen wir das letzte Kapitel beschlossen, sind sehr schwer zu erreichen; deswegen müssen wir langsam vorgehen. Der erste, vorbereitende Schritt heißt Kriya Yoga. Wörtlich bedeutet dies „Werk", auf Yoga hinarbeiten. Die Organe sind die Pferde, der Geist sind die Zügel, der Verstand der Kutscher, die Seele der Reiter und der Körper die Kutsche.

Der Meister des Haushalts, der König, das Selbst des Menschen, sitzt in dieser Kutsche. Wenn die Pferde sehr stark sind und sich nicht zügeln lassen, wenn der Kutscher, der Verstand, die Pferde nicht zu lenken weiß, dann wird die Kutsche zu Schaden kommen. Wenn aber die Organe, die Pferde, gut unter Kontrolle sind, und wenn die Zügel, der Geist, vom Kutscher richtig gehandhabt werden, so erreicht der Verstand, die Kutsche, das Ziel. Was ist also mit dieser Askese gemeint? Die Zügel fest in der Hand halten, während man Körper und Organe lenkt; sie nicht irgendetwas tun lassen, was ihnen beliebt, sondern sie beide unter der rechten Kontrolle halten.

Studium. Was ist in diesem Fall mit Studium gemeint? Nicht die Lektüre von Romanen oder Erzählungen, sondern ein Studium jener Werke, die Befreiung der Seele lehren. Und weiter bedeutet dieses Studium keineswegs kontroverse Studien. Vom Yogi wird erwartet, dass er darüber hinaus ist. Er hat genug davon und ist zufrieden. Er studiert nur, um seine Überzeugungen zu stärken. Vāda und Siddhānta – dies sind die beiden Arten der Erkenntnis der heiligen Schriften – Vada, die argumentative, und Siddhanta, die endgültige. Wenn ein Mensch ganz und gar unwissend ist, widmet er sich der ersteren, d.h.

dem Argumentieren und Debattieren pro und contra. Und wenn er damit durch ist, widmet er sich dem Siddhanta, dem Endgültigen, wo man zu einer Schlussfolgerung gelangt. Aber dies allein reicht nicht. Es muss bestärkt werden. Es gibt unendlich viele Bücher, und die Zeit ist kurz; daher besteht das Geheimnis der Erkenntnis darin, das heranzuziehen, was essentiell ist. Dies sollte man tun und dann dementsprechend leben.

Es gibt eine alte indische Legende: wenn man eine Tasse mit Milch und Wasser vor einen Schwan stellt, so wird er die gesamte Milch trinken und das Wasser zurücklassen. Auf diese Weise sollten wir jenes, was Erkenntnis-Wert besitzt, nehmen, und den Abschaum ignorieren. Intellektuelle Gymnastik ist zunächst notwendig. Wir sollten nicht blind in irgendetwas hinein tappen. Der Yogi hat das Stadium des Argumentierens zurückgelassen und ist zu einer Schlussfolgerung gelangt, die felsenfest ist. Das Einzige, was er jetzt noch anstrebt, ist, seine Schlussfolgerung zu untermauern. Argumentiere nicht, sagt er; wenn man dich mit Argumenten bedrängt, so schweige. Antworte nicht auf Argumente, sondern gehe still deines Weges, weil Argumente nur den Geist aufwühlen. Notwendig ist es allein, den Verstand zu schulen; warum sollte man ihn für nichts und wieder nichts stören? Der Verstand ist nur ein schwaches Instrument und kann uns nur eine durch die Sinne begrenzte Erkenntnis geben.

Der Yogi will über die Sinne hinaus gehen, daher dient ihm der Verstand zu nichts. Er ist sich dessen gewiss und bleibt daher still und argumentiert nicht. Jedes Argument bringt seinen Geist aus dem Gleichgewicht, erzeugt eine Störung im Citta und bedeutet einen Rückschlag. Argumente und das Suchen des Verstands sind nebensächlich. Es gibt viel höhere Dinge jenseits von ihnen. Das Leben ist nicht für das Ringen von Schuljungen und für Debattier-Klubs. „Gott die Früchte der Werke darzubringen“ heißt, für uns selbst weder Verdienst noch Tadel zu beanspruchen, sondern beide dem Herrn zu überantworten und friedvoll zu sein.

samādhi-bhāvanā-arthaḥ kleśa-tanūkaraṇa-arthaś ca //2//

2. (Es geschieht für) die Übung des Samadhi und Minimierung der

schmerzhaften Hindernisse.

Die meisten von uns machen ihren Geist zu etwas wie einem verwöhnten Kind und lassen ihn tun, was immer ihm beliebt. Deswegen ist es notwendig, dass der Kriya Yoga ständig geübt werden sollte, um Kontrolle über den Geist zu gewinnen und ihn gefügig zu machen. Die Hindernisse für den Yoga entstehen aufgrund eines Mangels an Kontrolle und verursachen uns Schmerz. Sie lassen sich nur entfernen, indem man den Geist zurück und unter Kontrolle hält, mittels Kriya Yoga.

avidyā-asmitā-rāga-dveṣa-abhiniveśāḥ kleśāḥ //3//

3. Die schmerzhaften Hindernisse sind: Unwissenheit, Ich-Sinn, Anhaftung, Abneigung und das Hängen am Leben.

Dies sind die fünf Schmerzen, die fünffache Bindung, wobei deren Ursache die Unwissenheit ist und die anderen vier ihre Wirkungen sind. Dies ist die einzige Ursache all unseres Elends. Was sonst könnte uns Leid bringen? Das Wesen der Seele ist ewige Glückseligkeit. Was kann sie betrübt machen außer Unwissenheit, Halluzination und Täuschung? Aller Schmerz der Seele ist schlicht Täuschung.

avidyā kṣetram uttareṣām prasupta-tanu-vicchinna-udārāṇām //4//

4. Unwissenheit ist das Feld, wo all diese, die folgen, erzeugt werden, ob sie nun schlummernd sind, schwach, unterdrückt oder ausgebreitet, aktiv.

Unwissenheit ist die Ursache von Ich-Sinn, Anhaftung, Abneigung und dem Hängen am Leben. Diese Impressionen existieren in verschiedenen Zuständen. Sie sind manchmal nicht-aktiv. Oft hört man den Ausdruck „unschuldig wie ein Baby", und doch könnte im Baby die Anlage eines Dämonen oder Gottes sein, welche gradweise hervortritt. Im Yogi werden diese Impressionen, die Samskāras, die von vergangenen Handlungen zurückbleiben, geschwächt, d.h. sie existieren in einem sehr subtilen Zustand, und er kann sie kontrollieren und dafür sorgen, dass sie nicht manifest werden. „Unterdrückt" bedeutet, dass manchmal eine Gruppe von Impressionen eine Zeit lang von jenen, die stärker sind, niedergehalten wird, aber sie treten hervor, wenn die Ursache der Unterdrückung entfernt wird. Der letzte Zustand ist der „ausgebreitete", wenn die Samskaras – da es förderliche Umstände gibt – zu großer Aktivität gelangen, ob zum Guten oder zum Bösen.

anitya-aśuci-duḥkha-anātmasu nitya-śuci-sukha-ātma-khyātir avidyā //5//

5. Unwissenheit hält das Nicht-Ewige, Unreine, Schmerzhafte und das Nicht-Selbst für das Ewige, Reine, Glückliche bzw. den Ātman oder das Selbst.

All die verschiedenen Arten von Impressionen haben *eine* Quelle, Unwissenheit. Wir müssen zuerst lernen, was Unwissenheit ist. Wir alle denken, „ich bin der Körper, und nicht das Selbst, das Reine, Glänzende, immer Glückselige", und das ist Unwissenheit. Wir denken an den Menschen und sehen ihn als Körper. Dies ist die große Täuschung.

dṛg-darśana-śaktyor ekātmatā iva asmitā //6//

6. Ich-Sinn ist die Identifikation des Sehers mit dem Instrument der Schau.

Der Seher ist wirklich das Selbst, das Reine, immer Heilige, Unendliche, Unsterbliche. Dies ist das Selbst des Menschen. Und welches sind die Instrumente? Das Citta oder die Geistsubstanz, die Buddhi oder bestimmende Fähigkeit, der Manas oder Geist und die Indriyas oder Sinnesorgane. Dies sind seine Instrumente, um die Außenwelt zu sehen, und die Identifizierung des Selbstes mit den Instrumenten nennen wir die Unwissenheit des Ich-Sinns. Wir sagen, „ich bin der Geist“, „ich bin das Denken“, „ich bin verärgert“, oder „ich bin glücklich“ Wie können wir uns ärgern und wie können wir hassen? Wir sollten uns mit dem unwandelbaren Selbst identifizieren. Wenn es unwandelbar ist, wie kann es dann in einem Augenblick glücklich und in einem anderen unglücklich sein? Es ist gestaltlos, unendlich, allgegenwärtig. Was kann es wandeln? Es ist jenseits allen Gesetzes. Was kann ihm etwas anhaben? Nichts im Universum kann eine Wirkung auf es ausüben. Und doch identifizieren wir uns aufgrund von Unwissenheit mit der Geistsubstanz und denken, wir fühlen Freude oder Schmerz.

sukha-anuśayī rāgaḥ //7//

7. Anhaftung ist jenes, welches beim Genuss verweilt.

Wir finden Genuss in verschiedenen Dingen, und der Geist strebt ihnen wie ein Strom zu; und wenn man so gleichsam dem Genuss hinterher läuft, so sprechen wir von Anhaftung. Wir hängen den Dingen nie dort an, wo es keinen Genuss gibt. Und manchmal finden wir Genuss in recht eigentümlichen Dingen, aber das Prinzip bleibt bestehen: wo immer wir Genuss finden, entsteht Anhaftung.

duḥkha-anuśayī dveṣaḥ //8//

8. Abneigung ist jenes, welches beim Schmerz verweilt.

Dem, was uns Schmerz verursacht, suchen wir umgehend zu entkommen.

sva-rasa-vāhī viduṣo'pi tathārūḍho'bhiniveśaḥ //9//

9. Seine eigene Natur durchströmend, und selbst im Gelehrten verankert, ist das Hängen am Leben.

Dieses Hängen am Leben kann man bei jedem Tier beobachten. Darauf aufbauend wurden viele Versuche unternommen, die Theorie eines künftigen Lebens zu errichten, weil die Menschen so das Leben lieben, dass sie auch ein künftiges begehren. Natürlich ist dieses Argument ohne viel Wert, aber am eigenartigsten ist, dass in westlichen Ländern die Vorstellung, dieses Hängen am Leben zeige eine Möglichkeit künftigen Lebens auf, nur auf Menschen zutrifft, aber nicht auf Tiere.[1]

In Indien dagegen war dieses Hängen am Leben eines der Argumente, um vergangene Erfahrung und Existenz zu beweisen. Wenn es z.B. wahr ist, dass all unsere Erkenntnis auf Erfahrung beruht, so ist sicher, dass wir jenes, was wir nie erfahren haben, nie imaginieren oder verstehen können. Sobald Hühnchen ausgeschlüpft sind, beginnen sie Nahrung aufzunehmen. Viele Male wurde beobachtet, dass, wenn Enten von Hennen gebrütet wurden, sie gleich nach dem Ausschlüpfen aus dem Ei zum Wasser flogen, und ihre Mutter dachte, sie würden ertrinken. Wenn Erfahrung die einzige Quelle der Erkenntnis ist, wo haben dann diese Hühnchen gelernt, Nahrung zu picken, oder die Entchen, dass das Wasser ihr natürliches Element sei?

Wenn man sagt, es sei Instinkt, so hat dies keine Bedeutung – es ist nur ein Wort, aber keine Erklärung. Was ist dieser Instinkt? Wir haben viele Instinkte in uns. So spielen z.B. die meisten von euch Damen Klavier. Nun denkt daran, wie sorgsam ihr eure Finger nacheinander auf die weißen und schwarzen Tasten legen musstet, aber jetzt, nach langer Übung, könnt ihr mit euren Freundinnen sprechen, während die Finger automatisch spielen. Es ist zum Instinkt geworden.

Ebenso geschieht es mit jeder Arbeit, die wir tun; durch Übung wird sie instinktiv, automatisch; aber soweit wir wissen, sind all die Fälle, die wir jetzt als „automatisch" bezeichnen, degenerierter Verstand. In der Sprache des Yogi: Instinkt ist eingefalteter Verstand.[2] Urteilskraft wird eingefaltet und wird zu automatischen Samskaras. Daher ist es vollkommen logisch zu denken, dass alles, was wir in dieser Welt Instinkt nennen, schlicht eingefalteter Verstand ist. Weil Verstand nicht ohne Erfahrung eintreten kann, ist aller Instinkt daher

---

1 Vivekanandas Ausführungen sind schwer nachvollziehbar, da sie sich auf eine Epoche und einen Diskurs der fernen Vergangenheit beziehen.

2 Involved reason.

das Ergebnis vergangener Erfahrung.

Hühner fürchten den Falken, und Entchen lieben das Wasser; beides ist das Resultat vergangener Erfahrung. Es stellt sich dann die Frage, ob jene Erfahrung einer spezifischen Seele angehört oder schlicht dem Körper, und ob diese Erfahrung, welche sich bei der Ente einstellt, die Erfahrung der Vorväter der Ente ist oder jene der Ente selbst. Die modernen Naturwissenschaftler meinen, dass sie dem Körper angehöre, aber die Yogis glauben, dass es die Erfahrung des Geistes sei, die durch den Körper übermittelt wird. Dies wird die Theorie der Reinkarnation genannt.

Wir haben gesehen, dass all unsere Erkenntnis, ob wir sie nun Wahrnehmung oder Verstand oder Instinkt nennen, durch jenen einen Kanal eintreten muss, die Erfahrung heißt, und dass alles, was wir jetzt Instinkt nennen, das Ergebnis vergangener Erfahrung ist, degeneriert in den Instinkt, und dass Instinkt wieder zum Verstand regeneriert. Und so geschieht es durchweg im Universum, worauf eines der Hauptargumente für Reinkarnation in Indien errichtet wurde. Die wiederkehrenden Erfahrungen verschiedener Ängste erzeugen im Laufe der Zeit dieses Hängen am Leben.

Aus diesem Grund hat das Kind instinktiv Angst, weil die vergangene Erfahrung des Schmerzes in ihm existiert. Selbst die gelehrtesten Menschen, die wissen, dass dieser Körper eines Tages dahingehen wird, und die sagen, „sei's drum, wir hatten schon hunderte Körper, die Seele kann nicht sterben" – selbst in ihnen, mit all ihren intellektuellen Überzeugungen, finden wir noch dieses Hängen am Leben. Warum dieses Hängen am Leben? Wir haben gesehen, dass es instinktiv geworden ist. In der psychologischen Sprache der Yogis ist es ein Samskara geworden. Die Samskaras, feinstofflich und verborgen, schlummern im Citta. All diese vergangene Erfahrung des Todes, alles, was wir Instinkt nennen, ist Erfahrung, die unterbewusst geworden ist. Sie lebt im Citta und ist nicht inaktiv, sondern wirkt unter der Oberfläche.

Die Citta-Vrittis, die Geistwellen, welche grobstofflich sind, können wir wahrnehmen und fühlen, sie lassen sich leichter kontrollieren – aber wie steht es mit den subtilen Instinkten? Wie lassen sie sich kontrollieren? Wenn ich mich ärgere, wird mein ganzer Geist zu einer großen Welle des Ärgers. Ich fühle es, sehe es, gehe damit um, kann es leicht beeinflussen, damit ringen; aber mein Kampf wird nicht vollkommen erfolgreich sein, bis ich an die Ursachen heran komme. Jemand sagt mir z.B. etwas sehr Grobes, und ich beginne zu spüren, dass ich mich erhitze, und er setzt es fort, bis ich vollkommen erzürnt bin und mich vergesse, mich mit dem Ärger identifiziere. Als er zuerst mit der Beleidigung begann, dachte ich, „ich werde mich ärgern“. Der Ärger war das eine und ich das andere; aber als ich mich dann ärgerte, war ich Ärger. Diese Gefühle müssen im Keim kontrolliert werden, an der Wurzel, in ihren feinstofflichen Formen, bevor wir auch nur bewusst geworden sind, dass sie auf uns einwirken.

Bei der großen Mehrheit der Menschen sind die feinstofflichen Zustände dieser Leidenschaften nicht einmal bekannt – die Zustände, in denen sie aus dem Unterbewusstsein hervortreten. Wenn eine Luftblase vom Grund des Sees aufsteigt, sehen wir sie nicht, und auch nicht einmal, wenn sie nahezu die Oberfläche erreicht hat. Erst wenn sie zerspringt und ein Kräuseln verursacht, wissen wir, dass sie da ist. Wir werden nur dann erfolgreich mit den Wellen umgehen können, wenn wir sie in ihren feinstofflichen Ursachen zu fassen bekommen, und solange dies nicht gelingt und man sie nicht bändigen kann, bevor sie grobstofflich werden, gibt es keine Hoffnung, irgendeine Leidenschaft vollständig in den Griff zu bekommen. Um unsere Leidenschaft zu kontrollieren, müssen wir sie schon an der Wurzel packen; dann allein werden wir in der Lage sein, ihren ureigenen Keim zu versengen. Wie geröstete Samen, die auf den Grund geworfen werden, niemals aufsteigen, so werden diese Leidenschaften nie hervortreten.

te pratiprasava-heyāḥ sūkṣmāḥ //10//

10. Die feinstofflichen Samskaras sind zu meistern, indem sie in ihren kausalen Zustand aufgelöst werden.

Samskaras sind die feinstofflichen Impressionen, die sich später in grobstofflichen Formen manifestieren. Wie sind diese feinstofflichen Samskaras zu kontrollieren? Indem die Wirkung in ihre Ursache aufgelöst wird. Wenn das Citta, welches eine Wirkung ist, in seine Ursache, Asmitā oder Ich-Sinn, aufgelöst wird, nur dann lösen sich auch die feinstofflichen Impressionen auf, die damit einhergehen. Meditation kann sie nicht zerstören.

dhyāna-heyās tad-vṛttayaḥ //11/

11. Durch Meditation sind ihre (grobstofflichen) Modifikationen zurückzuweisen.

Meditation ist eines der großen Mittel, um das Entstehen dieser Wellen zu kontrollieren. Durch Meditation kann man den Geist dazu bringen, diese Wellen zu bändigen, und wenn man Tage, Monate und Jahre beständig Meditation übt, bis sie zu einer Gewohnheit geworden ist, bis sie dir selbst zum Trotz kommen wird, so werden Ärger und Hass unter Kontrolle sein.

kleśa-mūlaḥ karma-āśayo dṛṣṭa-adṛṣṭa-janma-vedanīyaḥ //12//

12. Das „Gefäß der Werke" hat seine Wurzel in diesen schmerzbehafteten Hindernissen, und ihre Erfahrung erfolgt in diesem sichtbaren, oder im unsichtbaren Leben.

Mit „Gefäß der Werke" ist die Gesamtsumme der Samskaras gemeint. Gleich welche Arbeit wir auch tun, der Geist wird zu einer Welle aufgeworfen, und nachdem die Arbeit getan ist, glauben wir, die Welle sei vorüber. Nein, sie ist nur feinstofflich geworden, aber sie existiert noch. Wenn wir uns an die Arbeit zu erinnern versuchen, kommt sie wieder hoch und wird zur Welle. Also war sie noch da; andernfalls hätte es keine Erinnerung gegeben. So legt sich jede Handlung nur, jeder Gedanke, ob gut oder böse, und wird feinstofflich und wird dort eingelagert. Sowohl glückliche als auch unglückliche Gedanken werden schmerztragende Hindernisse genannt, weil sie gemäß den Yogis auf lange Sicht Schmerz bringen. Alles Glück, was von den Sinnen her kommt, wird letztendlich Schmerz bringen. Jeder Genuss wird dazu führen, dass wir nach mehr verlangen, und das resultiert in Schmerz. Es gibt keine Grenzen für die Wünsche des Menschen; er wünscht immerzu, und wenn er einen Punkt erreicht, wo der Wunsch nicht erfüllt werden kann, ist Schmerz das Resultat. Daher betrachten die Yogis die Gesamtsumme der Impressionen, ob gut oder böse, als schmerzbehaftete Hindernisse; sie behindern den Weg zur Freiheit der Seele.

sati mūle tad-vipāko jāty-āyur-bhogāḥ //13//

13. Wenn die Wurzel gegeben ist, kommt die Frucht (in Gestalt von) Gattung, Leben und Erfahrung von Freude und Schmerz.

Wenn die Wurzeln, die Ursachen, die Samskaras gegeben sind, manifestieren sie sich und bilden die Wirkungen heran. Die abklingende Ursache wird zur Wirkung; wenn die Wirkung subtiler wird, wird sie zur Ursache der nächsten Wirkung. Ein Baum trägt einen Samen, der zur Ursache eines anderen Baumes wird, usw. Alle unsere jetzigen Werke sind die Wirkungen vergangener Samskaras; und weiter: diese Werke, die zu Samskaras werden, werden die Ursachen künftiger Handlungen sein, und so setzt es sich fort.

Daher sagt dieser Aphorismus, dass, wenn die Ursache gegeben ist, die Frucht kommen müsse, in der Gestalt verschiedener Arten von Wesen: der eine wird ein Mann sein, ein anderer ein Engel, wieder ein anderer ein Tier, oder ein Dämon. Ferner gibt es verschiedene Wirkungen von Karma im Leben. Der eine lebt fünfzig Jahre, ein anderer hundert, wieder ein anderer nur zwei Jahre, ohne je Reife zu erlangen; all diese Unterschiede im Leben werden durch vergangenes Karma geregelt.

Der eine Mensch wird gleichsam geboren, um Freude[1] zu erfahren; wenn er sich in einem Wald vergräbt, wird ihm Freude dorthin folgen. Ein anderer Mensch hat stets Schmerz zum Begleiter, egal wohin er auch geht; alles wird für ihn schmerzvoll. Es ist das Resultat der eigenen Vergangenheit. Gemäß der Philosophie der Yogis bringen alle tugendhaften Handlungen Freude und alle bösen Schmerz. Wer auch immer Böses tut, wird sicher die Frucht in Form von Schmerz ernten.

---

[1] Pleasure.

te hlāda-paritāpa-phalāḥ puṇya-apuṇya-hetutvāt //14//

14. Sie tragen Frucht als Freude oder Schmerz, hervorgerufen durch Tugend oder Sünde.

pariṇāma-tāpa-saṁskāra-duḥkhair guṇa-vṛtti-virodhāc ca duḥkham eva sarvaṁ vivekinaḥ //15//

15. Für die Urteilsstarken ist alles gleichsam schmerzhaft, weil alles Schmerz bringt, entweder als Konsequenz oder als Antizipieren des Verlusts von Glück oder als neues Begehren, das aufgrund der Impressionen von Glück entsteht, und auch als Gegenaktion von Eigenschaften.[1]

Die Yogis sagen, dass ein Mensch, der urteilskräftig ist, der vernunftbegabte Mensch, alles durchschaut, was Freude und Schmerz genannt wird, und weiß, dass sie alle Menschen heimsuchen und dass das eine dem anderen folgt und mit ihm verschmilzt; er sieht, dass die Menschen ihr ganzes Leben lang einem *ignis fatuus*[2] folgen und es ihnen nie gelingt, ihre Wünsche zu erfüllen. Der große König Yudhishthira [im Mahabharata] sagte einmal, das größte Wunder im Leben sei es, dass wir jeden Augenblick Menschen um uns herum sterben sehen und doch glauben, wir würden nie sterben.

Überall umgeben von Narren, glauben wir, wir seien die einzigen Ausnahmen, die einzigen gelehrten Menschen. Während wir ständig alle Arten von Wankelmut erfahren, glauben wir, unsere Liebe sei die einzig dauerhafte. Wie kann das angehen? Selbst Liebe ist selbstsüchtig, und der Yogi sagt, am Ende würden wir sehen, dass selbst die Liebe von Mann und Frau, Kindern und Freunden langsam verfällt. Verfall erfasst alles in diesem Leben.

Erst wenn alles, selbst Liebe, versagt, erkennt der Mensch, wie vergeblich, wie traumgleich, diese Welt ist. Dann bekommt er eine Ahnung von Vairāgya, Entsagung, und vom Jenseitigen. Nur durch

---

[1] Eine sehr freie, interpretierende Übersetzung, wie schon aus der Länge im Vergleich zum Original deutlich wird.

[2] Illusion, falsche Hoffnung.

Aufgabe dieser Welt kommt die andere; nie dadurch, dass man an dieser festhält. Noch nie gab es eine große Seele, die nicht Sinnesfreuden und Genuss hätte zurückweisen müssen, um Größe zu erlangen. Die Ursache von Elend ist der Zusammenstoß zwischen den verschiedenen Kräften der Natur, indem die eine in diese Richtung zieht, und die andere in eine andere, was beständiges Glück unmöglich macht.

heyaṁ duḥkham anāgatam //16//

16. Unglück, das noch nicht eingetreten ist, ist zu vermeiden.

Einiges Karma haben wir bereits ausgearbeitet, einiges arbeiten wir in der Gegenwart aus, und wieder anderes wird noch in der Zukunft Früchte tragen. Das erstere ist vorüber und vergangen. Das zweite werden wir ausarbeiten müssen, und nur jenes, welches in Zukunft Früchte tragen wird, können wir unter Kontrolle bringen, und auf eben dieses Ziel sollten all unsere Kräfte gerichtet sein. Dies meint Patanjali, wenn er sagt, dass Samskaras zu kontrollieren seien, indem sie in ihren kausalen Zustand aufgelöst werden.

draṣṭṛ-dṛśyayoḥ saṁyogo heya-hetuḥ //17//

17. Die Ursache des zu Vermeidenden ist die Verbindung von Seher und Gesehenem.

Wer ist der Seher? Das Selbst des Menschen, der Purusha. Was ist das Gesehene? Die Gesamtheit der Natur, beginnend mit dem Geist, bis hin zur grobstofflichen Materie. Alle Freude und aller Schmerz ergeben sich aus der Verbindung von Purusha und Geist. Der Purusha, daran sollte gedacht werden, ist gemäß dieser Philosophie rein; wenn er mit der Natur verbunden wird, scheint er durch Widerspiegelung Freude oder Schmerz zu empfinden.

prakāśa-kriyā-sthiti-śīlaṁ bhūta-indriya-ātmakaṁ bhoga-apavarga-arthaṁ dṛśyam //18//

18. Das, was erfahren wird, setzt sich aus Elementen und Organen zusammen, ist seinem Wesen nach Erleuchtung, Handlung und Trägheit und dient dem Zweck der Erfahrung von Befreiung (des Erfahrenden).

Das, was erfahren wird, d.h. die Natur, setzt sich aus Elementen und Organen zusammen – den grob- und feinstofflichen Elementen, welche die ganze Natur ausmachen, und den Organen der Sinne, des Geistes usw. – und ist von seinem Wesen her Erleuchtung (Sattva), Handlung (Rajas) und Trägheit (Tamas). Welches ist der Zweck der Gesamtheit der Natur? Dass der Purusha Erfahrung gewinnt. Der Purusha hat gleichsam seine mächtige, gottgleiche Natur vergessen. Es gibt eine Geschichte, dass der König der Götter, Indra, dereinst zu einem Schwein wurde und sich im Schlamm suhlte. Er hatte auch eine Sau und viele kleine Schweinchen und war sehr glücklich.

Da bemerkten einige Götter seine missliche Lage und fragten ihn: „Du bist der König der Götter, sie alle sind dir untertan. Warum bist du hier?“ Doch Indra antwortete: „Wie dem auch sei; mir geht's gut hier. Was kümmert mich der Himmel, wenn ich diese Sau habe und diese kleinen Schweinchen.“

Da wussten die armen Götter nicht mehr weiter. Nach einiger Zeit beschlossen sie, all die Schweine zu schlachten. Als sie tot waren, begann Indra zu jammern und zu trauern. Daraufhin schlitzten die Götter seinen Schweine-Leib auf, woraufhin er hinauskam und zu lachen begann, als er merkte, in welch einem schrecklichen Traum er gewesen war – er, der König der Götter, war zum Schwein geworden und dachte, jenes Leben sei das einzige Leben! Nicht nur dies, sondern er wollte auch, dass das ganze Universum sich diesem Schweine-Leben zuwende!

Wenn der Purusha sich mit der Natur identifiziert, vergisst er, dass er rein und unendlich ist. Der Purusha liebt nicht, er ist Liebe selbst. Er existiert nicht, er ist das Sein selbst. Die Seele erkennt nicht, sie ist Erkenntnis selbst. Es ist ein Fehler zu sagen, dass die Seele liebt, existiert oder erkennt. Liebe, Sein und Erkenntnis sind nicht Eigenschaften des Purusha, sondern seine Essenz. Wenn sie auf etwas reflektiert werden, kann man sie die Eigenschaften von jenem etwas nennen. Sie sind nicht die Eigenschaften, sondern die Essenz des Purusha, des großen Atman, des Unendlichen Wesens, ohne Geburt oder Tod, begründet in seiner eigenen Herrlichkeit. Er scheint so degeneriert zu sein, dass er, wenn du zu ihm gehst und sagst, „du bist nicht ein Schwein", zu kreischen und zu beißen beginnt.

So ergeht es uns allen in dieser Māyā, dieser Traum-Welt, wo es überall Elend und Tränen gibt, wo einige wenige goldene Bälle gerollt werden und die Welt hinter ihnen her ist. Ihr wart nie gebunden durch Gesetze, die Natur hatte euch nie Fesseln angelegt. Das ist es, was der Yogi euch sagt. Habt Geduld, es zu lernen. Und der Yogi zeigt, wie der Purusha sich durch eine Verbindung mit der Natur und eine Identifizierung mit dem Geist und der Welt für elendig hält. Daraufhin zeigt der Yogi euch dann, dass der Weg hinaus durch Erfahrung erfolgt. Ihr müsst all diese Erfahrung erlangen, sie aber schnell abschließen.

Wir haben uns in dieses Netz begeben und werden heraus müssen. Wir sind in die Falle hinein geraten und werden uns unsere Freiheit erarbeiten müssen. Also holt euch diese Erfahrung von Ehe, von Freunden und kleinen Lieben; ihr werdet sie sicher bestehen, wenn ihr nie vergesst, was ihr wirklich seid. Vergesst nie, dass dies nur ein momentaner Zustand ist und dass wir hindurch müssen. Erfahrung ist der eine große Lehrer – Erfahrung von Freude und Schmerz – , wisst aber, es ist nur Erfahrung. Es führt, Schritt für Schritt, zu jenem Zustand, wo alle Dinge klein werden, und der Purusha so groß, dass das ganze Universum wie ein Tropfen im Ozean erscheint und durch seine eigene Nichtigkeit verblasst. Wir müssen verschiedene Erfahrungen durchlaufen, aber lasst uns nie das Ideal vergessen.

viśeṣa-aviśeṣa-liṅgamātra-aliṅgāni guṇaparvāṇi //19//

19. Die Zustände der Eigenschaften sind das Bestimmte, das Unbestimmte, das nur Angedeutete und das Unbezeichnete.[1]

---

[1] Diese Begriffe werden weiter unten im Kommentar erklärt.

Das System des Yoga ist vollständig errichtet auf der Philosophie der Sānkhyas, wie ich schon erwähnte, und auch hier will ich euch an die Kosmologie der Sankhya-Philosophie erinnern. Gemäß den Sankhyas ist Natur sowohl das Material als auch die Wirkursache des Universums. In der Natur gibt es drei Arten von Materialien, Sattva, Rajas und Tamas. Das Tamas-Material ist alles, was dunkel ist, alles, was unwissend und schwer ist. Rajas ist Aktivität. Sattva ist Stille, Licht. Die Natur vor der Schöpfung wird von ihnen Avyakta genannt, unbestimmt, d.h. etwas, worin es keine Unterscheidung von Form oder Name gibt, ein Zustand, wo diese drei Grundstoffe in vollkommener Balance gehalten werden. Dann wird das Gleichgewicht gestört und die drei Grundstoffe beginnen sich in verschiedenen Formen zu vermischen, und das Resultat ist das Universum.

In jedem Menschen existieren auch diese drei Grundstoffe. Wenn Sattva vorherrscht, tritt Erkenntnis ein; wenn es Rajas ist, Aktivität; und wenn es Tamas ist, so herrscht Dunkelheit, Mattigkeit und Trägheit vor. Gemäß der Sankhya-Theorie ist die höchste Erscheinungsform der Natur, bestehend aus den drei Grundstoffen, jenes, was wir Mahat[1] oder Intelligenz nennen, universelle Intelligenz, von der jeder menschliche Intellekt ein Teil ist.

In der Sankhya-Psychologie wird eine scharfe Unterscheidung vorgenommen zwischen Manas, der mentalen Geist-Funktion, und der Funktion der Buddhi, des Intellekts. Die mentale Geist-Funktion besteht schlicht darin, Impressionen zu sammeln und zu tragen und sie der Buddhi zu präsentieren, dem individuellen Mahat, welcher darüber bestimmt. Aus dem Mahat geht der Ich-Sinn hervor, woraus wiederum die subtilen Grundstoffe hervorgehen. Diese verbinden sich und werden zu den grobstofflichen Dingen außen – dem äußeren Universum. Die Sankhya-Philosophie behauptet, dass vom Intellekt bis hin zu einem Felsblock alles das Produkt einer einzigen Substanz sei, wobei der Unterschied nur in feinstofflichen bis hin zu grobstofflichen Daseinszuständen liegt. Der feinere ist die Ursache, und der gröbere die Wirkung.

Gemäß der Sankhya-Philosophie ist jenseits der Gesamtheit der Natur der Purusha, welcher überhaupt nicht etwas Materielles ist.

---

[1] Im Sanskrit wörtl. „der Große“, im Sankhya als Synonym für Buddhi gebraucht.

Purusha ist nicht irgendetwas anderem ähnlich, sei es Buddhi oder Geist oder die Tanmatras[1] oder die grobstofflichen Dinge. Er ist ihnen allen nicht vergleichbar, sondern gänzlich anders, gänzlich verschieden in seinem Wesen, und von daher wird argumentiert, dass der Purusha unsterblich sein müsse, weil er nicht das Resultat einer Verbindung sei. Jenes, welches nicht das Ergebnis einer Verbindung ist, kann nicht sterben. Die Purushas oder Seelen sind unendlich in ihrer Anzahl.

Jetzt können wir auch den Aphorismus verstehen, dass die Zustände der Eigenschaften bestimmt, unbestimmt, nur angedeutet und unbezeichnet seien. Mit dem „Bestimmten" sind die grobstofflichen Elemente gemeint, die wir wahrnehmen können. Mit dem „Unbestimmten" sind die sehr subtilen Stoffe gemeint, die Tanmatras, welche von gewöhnlichen Menschen nicht wahrgenommen werden können. Wenn man jedoch Yoga praktiziert, sagt Patanjali, werden nach einiger Zeit deine Wahrnehmungen so fein werden, dass du die Tanmatras tatsächlich sehen kannst.

Z.B. habt ihr schon gehört, wie jeder Mensch ein gewisses Licht um sich trägt; jedes Lebewesen strahlt ein gewisses Licht aus, und dies, so sagt er, kann vom Yogi gesehen werden. Wir sehen es nicht alle, aber wir alle emittieren diese Tanmatras, so wie eine Blume ständig feine Partikel emittiert, die es uns ermöglichen, sie zu riechen. Jeden Tag unseres Lebens veräußern wir eine Menge Gutes und Böses, und wohin auch immer wir gehen, ist die Atmosphäre erfüllt von diesen Stoffen.

Auf diese Weise kam es dem menschlichen Geist unbewusst in den Sinn, Tempel und Kirchen zu bauen. Warum aber sollte der Mensch Kirchen bauen, um in ihnen Gott anzubeten? Warum Ihn nicht überall anbeten? Selbst wenn die Menschen den Grund nicht kannten, so fanden sie doch, dass der Ort, wo die Leute Gott anbeteten, mit guten Tanmatras gefüllt wurde. Jeden Tag gehen die Leute dorthin, und je öfter sie dorthin gehen, desto heiliger werden sie und desto heiliger wird jener Ort. Wenn irgendein Mensch, der nicht viel Sattva in sich hat, dorthin geht, wird der Ort ihn beeinflussen und seine Sattva-Eigenschaft aktivieren. Hier liegt daher die Bedeutung aller Tempel

---

[1] Die feinstofflichen Elemente, die subtilen Energieformen.

und heiligen Stätten, aber ihr müsst daran denken, dass ihre Heiligkeit von heiligen Leuten abhängt, die sich dort versammeln.

Das Problem bei den Menschen ist, dass sie die ursprüngliche Bedeutung vergessen und den Karren vor das Pferd spannen. Menschen waren es, die diese Orte heilig machten, und dann wurde die Wirkung zur Ursache und machte Menschen heilig. Wenn nur die Bösen dorthin gehen würden, so würde er so schlimm werden wie jeder andere auch. Nicht das Gebäude macht eine Kirche aus, sondern die Leute, und eben dies vergessen wir stets. Deshalb können Weise und Heilige, die viel von dieser Sattva-Eigenschaft haben, sie aussenden und Tag und Nacht einen gewaltigen Einfluss auf ihre Umwelt ausüben. Ein Mensch kann so rein werden, dass seine Reinheit fühlbar wird. Wer auch immer in Kontakt mit ihm kommt, wird rein.

Als nächstes „das nur Angedeutete“: dies bezieht sich auf Buddhi, den Intellekt. „Das nur Angedeutete“ ist die erste Manifestation der Natur; aus ihr gehen alle anderen Manifestationen hervor. Das letzte ist „das Unbezeichnete“. Es scheint in diesem Punkt einen großen Unterschied zwischen der modernen Naturwissenschaft und allen Religionen zu geben. Jede Religion hat die Vorstellung, dass das Universum aus der Intelligenz hervorgeht. Die Theorie Gottes – wobei sie in ihrer psychologischen Bedeutung genommen wird, abseits aller Vorstellungen der Persönlichkeit – ist, dass Intelligenz[1] in der Schöpfungsordnung an erster Stelle kommt und dass aus ihr hervorgeht, was wir grobstoffliche Materie nennen. Die modernen Philosophen sagen, Intelligenz komme als letztes. Sie sagen, dass sich nicht-intelligente Dinge langsam zu Tieren entwickeln, und von Tieren zu Menschen. Sie erklären, Intelligenz käme als letztes, anstatt dass alles aus ihr hervorgehe.

Beide Aussagen, die religiöse wie auch die naturwissenschaftliche, sind wahr. Man nehme eine unendliche Reihe, A-B-A-B-A-B usw. Die Frage ist – welches kommt zuerst, A oder B? Wenn man die Reihe als A-B nimmt, wird man sagen, A komme zuerst, aber wenn man sie als B-A nimmt, wird man sagen, B komme zuerst. Es hängt von der Sichtweise ab. Intelligenz wird modifiziert und wird zur grobstofflichen Materie. Diese wiederum geht in Intelligenz über, und so setzt

---

[1] Vivekananda gebraucht den Begriff *intelligence* hier in der Bedeutung „Geist, Bewusstsein“.

sich der Vorgang fort.

Die Sankhyas und andere religiöse Richtungen setzen Intelligenz an erster Stelle, worauf Materie folgt. Der Naturwissenschaftler dagegen setzt Materie an die erste Stelle und lässt Intelligenz folgen. Beide weisen auf dieselbe Verknüpfung. Die indische Philosophie jedoch geht über Intelligenz und Materie hinaus und gelangt zu einem Purusha oder Selbst, welches jenseits der Intelligenz ist und von dem Intelligenz nur ein entliehenes Licht ist.

draṣṭā dṛśi-mātraḥ śuddho'pi pratyaya-anupaśyaḥ //20//

20. Der Seher ist nur Intelligenz[1], und obgleich rein, sieht er durch die Färbung des Intellekts.

Hier geht es wiederum um Sankhya-Philosophie. Wir haben in derselben Philosophie schon gesehen, dass von der niedrigsten Form bis hin zur Intelligenz alles Natur ist; jenseits der Natur sind die Purushas (Seelen), die keine Eigenschaften haben. Wie geschieht es dann, dass die Seele glücklich oder unglücklich zu sein scheint? Durch Reflektion. Wenn eine rote Blume vor einen Kristall gehalten wird, so scheint dieser rot zu sein, und ähnlich sind auch die Erscheinungen von Glück oder Unglück der Seele nur Reflektionen.

Die Seele selbst hat keine Kolorierung. Sie ist gesondert von der Natur. Die Natur ist das eine, die Seele das andere, auf immer getrennt. Die Sankhyas sagen, Intelligenz sei ein Kompositum, sie wachse und schwinde, sie wandele sich, so wie der Körper sich wandelt, und ihre Natur sei nahezu dieselbe wie jene des Körpers. Was ein Fingernagel dem Körper ist, das ist der Körper der Intelligenz. Der Nagel ist ein Teil des Körpers, aber er kann hunderte Male geschnitten werden, und doch wird der Körper bestehen bleiben. Ähnlich bleibt die Intelligenz auch für Äonen bestehen, während dieser Körper „abgeschnitten", verworfen werden kann.

Und doch kann Intelligenz nicht unsterblich sein, weil sie sich wandelt – indem sie wächst und schwindet. Alles, was sich wandelt,

---

[1] Wörtl. heißt es im Text, „ist nur das Sehen".

kann nicht unsterblich sein. Gewiss ist die Intelligenz etwas, das gemacht worden ist, und eben diese Tatsache beweist, dass es etwas jenseits davon geben muss. Sie kann nicht frei sein, denn alles, was mit Materie verbunden ist, ist in der Natur, und daher auf immer gebunden. Wer ist frei? Das Freie muss sicher jenseits von Ursache und Wirkung sein. Wenn du sagst, die Vorstellung von Freiheit sei eine Illusion, so werde ich sagen, die Vorstellung von Gebundenheit ist auch eine Illusion. Zwei Fakten gelangen in unser Bewusstsein und stehen oder fallen miteinander. Dies sind unsere Begriffe von Gebundenheit und Freiheit.

Wenn wir durch eine Mauer schreiten wollen und unser Kopf gegen die Mauer stößt, sehen wir, dass wir durch sie begrenzt sind. Gleichzeitig sehen wir aber, dass wir eine Willenskraft haben, und glauben, dass wir unseren Willen überallhin richten können. Auf Schritt und Tritt kommen uns diese widersprüchlichen Ideen. Wir müssen glauben, dass wir frei sind, und doch finden wir in jedem Augenblick, dass wir es nicht sind. Wenn die eine Idee Illusion ist, so ist es auch die andere, und wenn die eine wahr ist, so auch die andere, weil beide auf derselben Basis ruhen – dem Bewusstsein.

Der Yogi sagt, beides ist wahr; dass wir gebunden sind, was die Intelligenz angeht, und dass wir frei sind, was die Seele betrifft. Es ist die wahre Natur des Menschen, die Seele, der Purusha, was jenseits allen Gesetzes von der Ursache und Wirkung ist. Seine Freiheit sickert durch Schichten der Materie in verschiedene Formen, Intelligenz, Geist usw. Sein Licht ist es, das durch alles durchscheint. Intelligenz hat nicht ihr eigenes Licht. Jedes Organ hat sein besonderes Zentrum im Gehirn; es ist nicht so, dass alle Organe nur ein Zentrum haben; jedes Organ ist gesondert.

Warum gehen alle Wahrnehmungen harmonisch zusammen? Woher bekommen sie ihre Einheit? Wenn es im Gehirn wäre, so wäre es notwendig für alle Organe – die Augen, Nase, Ohren usw. –, nur ein Zentrum zu haben, während wir aber mit Sicherheit wissen, dass es verschiedene Zentren für ein jedes gibt. Der Mensch kann gleichzeitig sehen und hören, also muss es eine Einheit geben hinter der Intelligenz. Intelligenz ist mit dem Gehirn verbunden, aber hinter ihr steht noch der Purusha, die Einheit, wo all die verschiedenen Empfindungen und Wahrnehmungen zusammentreffen und eins werden. Die

Seele selbst ist das Zentrum, wo all die verschiedenen Wahrnehmungen konvergieren und vereinigt werden. Jene Seele ist frei, und ihre Freiheit ist es, was dir in jedem Augenblick sagt, dass du frei bist.

Aber du irrst dich und vermischt jene Freiheit in jedem Augenblick mit der Intelligenz und dem Geist. Du versuchst, diese Freiheit der Intelligenz zuzuordnen, und findest sogleich, dass Intelligenz nicht frei ist; du ordnest diese Freiheit dem Körper zu, und sogleich sagt die Natur dir, dass du dich wiederum irrst. Aus diesem Grund gibt es dieses vermischte Gefühl von Freiheit und Gebundenheit zur selben Zeit. Der Yogi analysiert beides, d.h. jenes, was frei ist, und jenes, was gebunden ist, und seine Unwissenheit schwindet. Er findet, dass der Purusha frei ist, dass er die Essenz jener Erkenntnis ist, welche, durch die Buddhi eintretend, zur Intelligenz wird und als solche gebunden ist.

tad-artha eva dṛśyasya ātmā //21//

21. Die Natur dessen, was erfahren wird, existiert für ihn.

Die Natur hat nicht ihr eigenes Licht. Solange der Purusha in ihr gegenwärtig ist, erscheint sie als Licht. Aber das Licht ist geborgt, so wie das Mondlicht reflektiert ist. Gemäß den Yogis werden alle Manifestationen der Natur von der Natur selbst verursacht, aber sie verfolgt keinen Zweck, außer den Purusha zu befreien.

kṛtārthaṁ prati naṣṭam apy anaṣṭaṁ tad-anya-sādhāraṇatvāt //22//

22. Obgleich zerstört für jenen, dessen Ziel erreicht wurde, ist sie doch nicht zerstört, da sie anderen gemein ist.

Die ganze Aktivität der Natur besteht darin, die Seele zur Erkenntnis zu bringen, dass sie völlig getrennt von der Natur ist. Wenn die Seele dies weiß, besitzt die Natur keine Anziehungskraft mehr für sie. Aber die ganze Natur verschwindet nur für jenen, der frei geworden ist. Es wird stets eine unendliche Anzahl jener bleiben, für welche die Natur weiterhin aktiv bleibt.

sva-svāmi-śaktyoḥ svarūpa-upalabdhi-hetuḥ saṁyogaḥ //23//

23. Verbindung ist die Ursache der Verwirklichung der Natur beider Kräfte, des Erfahrenen und dessen Herrn.

Gemäß diesem Aphorismus werden die Kräfte sowohl der Seele als auch der Natur manifest, wenn sie sich in Verbindung befinden. Dann werden alle Manifestationen herausgebracht. Unwissenheit ist die Ursache dieser Verbindung. Wir sehen jeden Tag, dass die Ursache unseres Schmerzes und unserer Freude stets darin begründet ist, dass wir uns mit dem Körper verbinden. Wenn ich mir vollkommen sicher wäre, dass ich nicht dieser Körper bin, sollte ich mich nicht um Hitze oder Kälte usw. scheren. Dieser Körper ist eine Kombination. Es ist nur Fiktion zu sagen, dass ich den einen Körper habe, du einen anderen und die Sonne wieder einen anderen. Das ganze Universum ist *ein* Ozean der Materie, und du bist der Name einer kleinen Partikel, ich der einer anderen und so auch die Sonne. Wir wissen, dass diese Materie sich ständig wandelt. Was heute die Sonne bildet, mag morgen die Materie unserer Körper bilden.

tasya hetur avidyā //24//

24. Unwissenheit ist dessen Ursache.

Aufgrund von Unwissenheit haben wir uns mit einem bestimmten Körper verbunden und uns so dem Leid geöffnet. Diese Vorstellung eines Körpers ist ein schlichter Aberglaube. Es ist ein Aberglaube, der uns glücklich oder unglücklich macht, und wird verursacht von der Unwissenheit, die uns Hitze und Kälte, Schmerz und Freude spüren lässt. Es ist an uns, dass wir uns über diesen Aberglauben erheben, und der Yogi zeigt uns, wie wir dies tun können.

Es wurde demonstriert, dass ein Mensch – unter bestimmten mentalen Bedingungen – versengt werden kann, und dass er doch keinen

Schmerz spürt. Das Problem ist: dieser plötzliche Aufruhr des Geistes kommt in der einen Minute wie ein Wirbelwind und verschwindet in der nächsten Minute. Wenn wir aber durch Yoga Kontrolle über ihn gewinnen, werden wir dauerhaft die Trennung des Selbstes vom Körper erlangen.

tad-abhāvāt saṁyoga-abhāvo hānaṁ tad dṛśeḥ kaivalyam //25//

25. Wenn jene (Unwissenheit) nicht vorhanden ist, so ist auch die Verbindung nicht vorhanden, welche das zu Vermeidende ist; dies ist die Unabhängigkeit des Sehers.

Gemäß der Yoga-Philosophie wurde die Seele aufgrund von Unwissenheit mit der Natur verbunden. Das Ziel ist es, sich von der Kontrolle der Natur über uns zu befreien. Dies ist das Ziel aller Religionen. Jede Seele ist potentiell göttlich. Das Ziel ist es, diese Göttlichkeit im Inneren zu manifestieren, indem die äußere und innere Natur unter Kontrolle gebracht wird.

Tut dieses durch Werke oder Anbetung oder seelische Kontrolle oder Philosophie – durch einen dieser Wege oder mehrere von ihnen oder alle – und seid frei. Dies ist die ganze Essenz der Religion. Lehren oder Dogmen, Rituale, Bücher, Tempel oder Formen sind nur sekundäre Details. Der Yogi versucht, dieses Ziel durch seelische Kontrolle zu erreichen. Bis wir uns von der Natur befreien können, sind wir Sklaven; wie sie es diktiert, so müssen wir ihr folgen.

Der Yogi behauptet, dass derjenige, der den Geist kontrolliert, auch die Materie kontrolliert. Die innere Natur ist viel höher als die äußere und viel schwieriger in den Griff zu bekommen. Deswegen kontrolliert jener das ganze Universum, der die innere Natur unter Kontrolle gebracht hat; es wird zu seinem Diener. Der Raja-Yoga erläutert die Methoden, diese Kontrolle zu erlangen. Kräfte, die höher sind als jene, welche wir in der physischen Natur kennen, sind unter Kontrolle zu bringen.

Dieser Körper ist bloß die äußere Kruste des Geistes. Es sind zwei verschiedene Dinge, so wie die Auster und ihre Schale. In derselben Weise ziehen die inneren feinstofflichen Kräfte, die wir Geist nennen, die grobstoffliche Materie von außen heran und erschaffen daraus diese äußere Schale, den Körper. Wenn wir also Kontrolle über das Innere haben, ist es sehr leicht, Kontrolle über das Äußere zu haben. Diese Kräfte sind nicht verschieden. Es ist nicht so, dass einige Kräfte physisch sind und einige mental; die physischen Kräfte sind nur die grobstofflichen Manifestationen der feinstofflichen Kräfte, so wie die physische Welt nur die grobstoffliche Manifestation der feinstofflichen Welt ist.

viveka-khyātir aviplavā hāna-upāyaḥ //26//

26. Das Mittel zur Zerstörung der Unwissenheit ist eine beständige Übung der Unterscheidung.

Dies ist das wahre Ziel der Übung – Unterscheidung zwischen dem Wirklichen und dem Unwirklichen, zu wissen, dass der Purusha nicht die Natur ist, dass er weder Materie noch Geist ist und dass er, weil er nicht Natur ist, sich unmöglich wandeln kann. Nur die Natur kann sich wandeln, indem sie immer wieder zusammenfügt und beständig auch wieder auflöst. Wenn wir durch beständige Übung Unterscheidungskraft entwickeln, wird die Unwissenheit vergehen und der Purusha wird in seiner wahren Natur zu leuchten beginnen – allwissend, allmächtig und allgegenwärtig.

tasya saptadhā prānta-bhūmiḥ-prajñā //27//

27. Seine Erkenntnis ist von der siebenfachen höchsten Stufe.

Wenn diese Erkenntnis kommt, wird sie gleichsam in sieben Stufen eintreten, eine nach der anderen. Und wenn eine von ihnen beginnt, wissen wir, dass wir Erkenntnis erlangen. Die erste wird sein, dass wir erkannt haben, was zu erkennen ist. Der Geist wird nicht länger unbefriedigt sein. Wenn wir noch im Stadium der Suche nach Erkenntnis sind, beginnen wir hier und da zu suchen, wo immer wir glauben, etwas Wahrheit erlangen zu können, und wenn uns dies nicht gelingt, werden wir unzufrieden und suchen erneut in einer anderen Richtung. Alles Suchen ist vergeblich, bis wir zu der Erkenntnis gelangen, dass Erkenntnis in uns selbst ist, dass niemand uns helfen kann; wir müssen uns selbst helfen.

Wenn wir das Unterscheidungsvermögen zu entwickeln beginnen, wird das erste Zeichen dafür, dass wir der Wahrheit näher rücken, jenes sein, dass der Zustand der Unzufriedenheit vergeht. Wir werden uns ganz sicher sein, die Wahrheit gefunden zu haben, und dass es nichts anderes als die Wahrheit sein kann. Dann können wir erkennen, dass die Sonne aufgeht und der Morgen für uns anbricht. Daraufhin fassen wir Mut und müssen durchhalten, bis das Ziel erreicht ist.

Die zweite Stufe wird die Abwesenheit aller Schmerzen sein. Nichts im Universum, ob in der Außen- oder Innenwelt, kann uns mehr Schmerz verursachen. Die dritte wird das Erlangen voller Erkenntnis sein. Wir werden allwissend sein. Die vierte wird das Erlangen des Endes aller Pflicht mittels Unterscheidungskraft sein. Als nächstes wird eintreten, was wir Freiheit des Citta nennen. Wir werden erkennen, dass alle Schwierigkeiten und Kämpfe, alles Fluktuieren des Geistes abgefallen ist, genau so wie ein Stein, der von einer Bergspitze ins Tal rollt und nie wieder nach oben gelangt.

Als nächstes wird es geschehen, dass das Citta selbst realisiert, dass es in seine Ursache verschmilzt, wann immer wir es so wünschen. Und am Ende werden wir finden, dass wir in unserem Selbst verankert sind, dass wir allein und für uns waren übers ganze Universum hinweg; weder Körper noch Geist waren je bezogen auf uns, und viel weniger noch uns verbunden. Sie gingen ihren eigenen Funktionen nach, und aufgrund unserer Unwissenheit haben wir uns mit ihnen verbunden.

Aber wir waren [in Wahrheit] alleinig, allmächtig, allgegenwärtig, auf immer gesegnet; unser eigenes Selbst war so rein und vollkommen, dass wir niemanden sonst brauchten. Wir brauchten niemanden, um uns glücklich zu machen, denn wir sind das Glück selbst. Wir werden finden, dass diese Erkenntnis nicht von irgendetwas abhängt; im ganzen Universum kann es nichts geben, das nicht im Angesicht unserer Erkenntnis lichtreich würde. Dies wird die letzte Stufe sein, und der Yogi wird friedvoll und ruhig werden, nie mehr Schmerz empfinden, nie mehr einer Illusion unterliegen, nie mehr vom Leid berührt werden. Er wird wissen, dass er auf immer gesegnet, vollkommen, allmächtig ist.

yoga-aṅga-anuṣṭhānād aśuddhi-kṣaye jñāna-dīptir ā viveka-khyāteḥ //28//

28. Durch die Übung der verschiedenen Teile des Yoga werden die Unreinheiten beseitigt und die Erkenntnis wird lichtreich bis hin zur Unterscheidungskraft.

Jetzt folgt die praktische Erkenntnis. Was wir zuvor erläutert haben, ist viel höher. Es ist fernab hoch über uns, aber es ist das Ideal. Es ist zunächst notwendig, physische und mentale Kontrolle zu erlangen. Dann wird die Verwirklichung in jenem Ideal beständig werden. Wenn nun das Ideal bekannt ist, bleibt noch die Methode zu praktizieren, um es zu erreichen.

yama-niyama-āsana-prāṇāyāma-pratyāhāra-dhāraṇā-dhyāna-samādhayo'ṣṭāv aṅgāni //29//

29. Yama, Niyama, Āsana, Prānāyāma, Pratyāhāra, Dhāranā, Dhyāna und Samādhi sind die acht Glieder des Yoga.

ahiṁsā-satya-asteya-brahmacarya-aparigrahā yamāḥ //30//

30. Nicht-Töten, Wahrhaftigkeit, Nicht-Stehlen, Enthaltsamkeit und Nicht-Annahme sind die Yamas.

Wer ein perfekter Yogi sein will, muss die Vorstellung von Sex aufgeben. Die Seele hat keinen Sex; warum sollte sie sich mit solchen Vorstellungen herabsetzen? Später werden wir besser verstehen, warum sie aufgegeben werden müssen. Der Geist des Menschen, der Geschenke empfängt, erfährt eine Einwirkung seitens des Geistes des Gebenden, daher ist es wahrscheinlich, dass der Empfänger verdorben wird. Das Empfangen von Geschenken tendiert dazu, die Unabhängigkeit des Geistes zu zerstören und zu versklaven. Daher nimmt man keine Geschenke entgegen.

ete jāti-deśa-kāla-samaya-anavacchinnāḥ sārvabhaumā mahāvratam //31//

31. Dies sind (universelle) große Gelübde, ungebrochen von Zeit, Ort, Zweck und Kastenregeln.

Diese Praktiken – Nicht-Töten, Wahrhaftigkeit, Nicht-Stehlen, Keuschheit und Nicht-Annahme – sind von allen Männern, Frauen und Kindern zu üben; von einer jeden Seele ungeachtet ihres Landes oder ihrer Stellung.

śauca-saṁtoṣa-tapaḥ-svādhyāya-īśvara-praṇidhānāni niyamāh //32//

32. Innere und äußere Reinigung, Zufriedenheit, Askese, Studium und Anbetung Gottes sind die Niyamas.

Äußere Reinigung bedeutet, den Körper rein zu halten; ein unsauberer Mensch wird nie ein Yogi sein. Es muss auch eine innere Reinigung geben. Dies wird durch die Tugenden erreicht, die in 1.33 genannt sind. Natürlich ist die innere Reinheit von größerem Wert als die äußere, aber beide sind notwendig, und die äußere Reinheit, ohne die innere, ist ohne Nutzen.

vitarka-bādhane pratipakṣa-bhāvanam //33//

33. Um Gedanken entgegenzuwirken, die dem Yoga feindlich sind, sollten gegenteilige Gedanken hereingebracht werden.

Dies ist der Weg, um die Tugenden zu praktizieren, die aufgezählt wurden. Wenn z.B. eine mächtige Welle des Ärgers in den Geist eingetreten ist, wie sollen wir sie dann kontrollieren? Indem wir eine entgegengesetzte Welle generieren. Denke an Liebe. Manchmal ist eine Mutter sehr böse auf ihren Ehemann, und während sie in diesem Zustand ist, kommt dann das Baby herein, und sie küsst es; die alte Welle verebbt und eine neue entsteht, Liebe für das Kind. Das unterdrückt die andere Welle. Liebe steht dem Ärger entgegen. Ähnlich sollte, wenn der Gedanke kommt, etwas zu stehlen, das Nicht-Stehlen als Gedanke aktiviert werden; wenn der Gedanke kommt, Geschenke zu empfangen, ersetze ihn durch den entgegengesetzten.

vitarkā-hiṁsādayaḥ kṛta-kārita-anumoditā lobha-krodha-moha-pūrvakā mṛdu-madhya-adhimātrā duḥkha-ajñāna-ananta-phalā iti pratipakṣa-bhāvanam //34//

34. Die Hindernisse für den Yoga sind Töten, Falschheit usw., gleich ob selbst begangen, verursacht oder gebilligt; entweder durch Habgier oder durch Ärger oder durch Unwissenheit; ob nur ein wenig, mittelgroß oder groß; und sie resultieren in unendlicher Unwissenheit und Elend. Dies ist (die Methode), das Entgegengesetzte zu denken.

Wenn ich eine Lüge erzähle, oder jemanden dazu bringe, dies zu tun, oder es billige, wenn er es tut, so ist es in gleicher Weise sündig. Wenn es auch nur eine kleine Lüge ist, so bleibt es doch eine Lüge. Jeder üble Gedanke wird zurückschnellen, jeder Gedanke des Hasses, den du vielleicht einmal hattest, selbst in einer Höhle, wird gespeichert und wird eines Tages mit gewaltiger Kraft zu dir zurückkehren in Form eines Leids. Wenn du Hass und Eifersucht herausbringst, werden sie mit Zinseszins auf dich zurückfallen. Keine Macht kann sie abwenden; wenn du sie einmal in Bewegung gesetzt hast, wirst du sie ertragen müssen. Wenn du daran denkst, so wird es dich davon abhalten, Böses zu tun.

ahiṁsā-pratiṣṭhāyāṁ tat-saṁnidhau vaira-tyāgaḥ //35//

35. Wenn das Nicht-Töten verankert ist, erlöschen in seiner Gegen-

wart (in anderen) alle Feindseligkeiten.

Wenn ein Mensch das Ideal des Nicht-Verletzens anderer aufnimmt, werden in seiner Gegenwart selbst Tiere, die von Natur aus wild sind, friedvoll werden. Der Tiger und das Lamm werden im Angesicht eines solchen Yogis spielen. Wenn du diesen Zustand erreicht hast, dann erst wirst du verstehen, dass du fest verankert im Nicht-Verletzen bist.

satyapratiṣṭhāyāṁ kriyā-phala-āśrayatvam //36//

36. Indem er Wahrhaftigkeit fest begründet, erlangt der Yogi die Kraft, für sich selbst und andere die Früchte der Arbeit ohne Werke[1] zu erlangen.

Wenn diese Kraft der Wahrheit in dir verankert sein wird, so wirst du selbst im Traum nie eine Unwahrheit sagen. Du wirst wahrhaftig in Gedanke, Wort und Tat sein. Was immer du sagst, wird Wahrheit sein. Du kannst einem Menschen sagen, „sei gesegnet", und er wird gesegnet sein. Wenn ein Mensch krank ist und du ihm sagst, „sei geheilt", so wird er sogleich geheilt sein.

asteya-pratiṣṭhāyāṁ sarva-ratna-upsthānam //37//

37. Durch feste Begründung des Nicht-Stehlens kommt aller Reichtum zum Yogi.

Je mehr du der Natur entfliehst, desto mehr folgt sie dir. Und wenn sie dir ganz gleichgültig ist, wird sie zu deiner Sklavin.

brahmacarya-pratiṣṭhāyāṁ vīrya-lābhaḥ //38//

---

[1] „Ohne Werke" fehlt im Sanskrit.

38. Durch feste Begründung von Enthaltsamkeit wird Energie gewonnen.

Das keusche Gehirn hat eine gewaltige Energie und gigantische Willenskraft. Ohne Keuschheit kann es keine spirituelle Kraft geben. Sie schenkt wunderbare Kontrolle über die Menschheit. Die spirituellen Führer der Menschen waren sehr enthaltsam, und dies war es, was ihnen Kraft verlieh. Daher muss der Yogi enthaltsam sein.

aparigraha-sthairye janma-kathaṁtā-saṁbodhaḥ //39//

39. Wenn er fest begründet im Nicht-Annehmen ist, erlangt er die Erinnerung des vergangenen Lebens.

Wenn ein Mensch keine Geschenke entgegen nimmt, ist er anderen nicht zu etwas verpflichtet, sondern bleibt unabhängig und frei. Sein Geist wird geläutert. Bei jeder Gabe besteht die Wahrscheinlichkeit, dass er das Böse des Gebenden mitempfängt. Wenn er nichts entgegen nimmt, wird der Geist gereinigt, und die erste Fähigkeit, die er erlangt, ist die Erinnerung an vergangene Leben. Dann allein wird der Yogi fest in seinem Ideal verankert. Er sieht, dass er viele Male kam und ging, und beschließt, dass er es hinfort nicht mehr tun wird und nicht mehr Sklave der Natur sein wird.

śaucāt sva-aṅga-jugupsā parair asaṁsargaḥ //40//

40. Wenn innere und äußere Reinheit begründet ist, so entsteht Widerwillen[1] gegenüber dem eigenen Körper und Nicht-Kontakt mit anderen.

---

[1] Zu dem Begriff *jugupsā,* allgemein übersetzt mit „Ekel, Abscheu, Widerwillen" etc., siehe unseren Artikel im Yoga-Lexikon mit der alternativen, nicht körperfeindlichen Übersetzung „Wunsch, zu beschützen". Vergl. dazu auch Vivekanandas eigene Aussage in seinem Kommentar zu Aphorismus II,55, „Wenn diese Kontrolle der Organe erlangt ist, spüren wir, wie wunderbar dieser Körper wirklich ist."

Wenn eine wirkliche Reinigung des Körpers – innerlich und äußerlich – erfolgt, so wird auf den Körper weniger achtgegeben und die Vorstellung, ihn ansehnlich zu machen, schwindet. Ein Gesicht, das andere als äußerst schön bezeichnen, wird dem Yogi als bloß animalisch erscheinen, wenn keine Intelligenz dahinter steht. Was die Welt aber als ein sehr gewöhnliches Gesicht ansieht, betrachtet er als himmlisch, wenn der Spirit dahinter leuchtet. Dieses Dürsten nach dem Körper ist das größte Verderben des menschlichen Lebens. Daher ist das erste Zeichen für die Begründung von Reinheit, dass du den Gedanken aufgibst, ein Körper zu sein. Erst wenn Reinheit eintritt, werden wir von der Körper-Idee befreit.

sattvaśuddhi-saumanasya-ekāgratā-indriyajaya-ātmadarśana-yogyatvāni ca //41//

41. Es erfolgt auch eine Reinigung des Sattva, Frohsinn des Geistes, Konzentration, Kontrolle über die Organe und Eignung für die Verwirklichung des Selbstes.

Durch die Übung der Reinlichkeit ergibt es sich, dass Sattva dominiert und der Geist konzentriert und fröhlich wird. Das erste Zeichen dafür, dass du religiös wirst, ist, dass du fröhlich wirst. Wenn ein Mensch schwermütig ist, kann es sich um Verdauungsstörungen handeln, aber es ist nicht Religion. Ein angenehmes Gefühl ist das Wesen von Sattva. Alles ist dem sattwischen Menschen pläsierlich, und wenn sich dieser Zustand einstellt, weißt du, dass du im Yoga vorankommst.

Aller Schmerz wird durch Tamas verursacht, deswegen musst du dich davon befreien; Missmut ist einer der Auswüchse von Tamas. Die Starken, Stabilen, Jungen, Gesunden, Mutigen allein eignen sich zum Yogi. Ihm ist alles Seligkeit, und jedes Gesicht, das er sieht, bringt ihm Frohsinn. Dies ist das Zeichen eines tugendhaften Menschen. Elend wird von Sünde verursacht und durch nichts anderes. Was hast du zu tun mit verdüsterten Gesichtern? Sie sind schlimm. Wenn du ein solches Gesicht hast, geh an diesem Tag nicht hinaus, bleib zu Hause in deinem Zimmer. Welches Recht hast du, dieses Leid in die Welt hinauszutragen? Wenn dein Geist unter Kontrolle ist, hast du Kontrolle über deinen ganzen Körper; anstatt ein Sklave dieser Maschine zu sein, ist die Maschine dein Sklave. Anstatt dass diese Maschine in der Lage ist, die Seele herunterzuziehen, wird sie zu ihrem größten Helfer.

saṁtoṣād anuttamaḥ sukhalābhaḥ //42//

42. Aus Zufriedenheit resultiert höchstes Glück.

kāya-indriya-siddhir aśuddhi-kṣayāt tapasaḥ //43//

43. Das Ergebnis von Askese besteht darin, Kräfte in die Organe und in den Körper zu bringen, indem Unreinheit beseitigt wird.

Die Resultate von Askese werden unmittelbar sichtbar, manchmal durch erhöhte Kräfte der Schau, das Hören von Dingen in der Ferne usw.

svādhyāyād iṣṭa-devatā-saṁprayogaḥ //44//

44. Durch Wiederholung des Mantras erfolgt die Verwirklichung der erwünschten Gottheit.

Je höher die Wesen sind, die man erlangen möchte, desto schwieriger ist die Übung.

samādhi-siddhir īśvara-praṇidhānāt //45//

45. Indem man alles dem Ishvara opfert, kommt der Samadhi.

Durch Überantwortung an den Herrn wird Samadhi vollkommen.

sthira-sukham āsanam //46//

46. Sitzhaltung ist jenes, was stabil und angenehm ist.

Jetzt folgt Asana, die Haltung. Bis man zu einer stabilen Sitzposition gelangt, kann man das Atmen und andere Übungen durchführen. Stabile Sitzposition heißt, dass man den Körper gar nicht mehr spürt. Gewöhnlich findet man, dass alle möglichen Störungen im Körper auftreten, sobald man einige Minuten sitzt; aber wenn man die Vorstellung eines konkreten Körpers überwunden hat, wird man das ganze Körpergefühl verlieren. Man wird weder Freude noch Schmerz spüren. Und wenn man sich dann dem Körper wieder zuwendet, wird er sich ganz ausgeruht anfühlen. Es ist die einzige vollkommene Ruhe, die du dem Körper geben kannst. Wenn es dir gelungen ist, den Körper unter Kontrolle zu bringen und ihn stabil zu halten, wird deine Übung stabil bleiben, aber wenn du vom Körper gestört wirst, werden deine Nerven gestört und du kannst dich nicht konzentrieren.

prayatna-śaithilya-ānantya-samāpattibhyām //47//

47. Indem die natürliche Neigung (zur Ruhelosigkeit) reduziert wird und indem man über das Unbegrenzte meditiert, wird die Haltung stabil und angenehm.

Wir können die Sitzposition stabil machen, indem wir an das Unendliche denken. Wir können nicht an das Absolute Unendliche denken, aber an den unendlichen Himmel.

tato dvandva-anabhighātaḥ //48//

48. Wenn einmal die Sitzposition stabil ist, bilden die Dualitäten kein Hindernis.

Die Dualitäten wie Gut und Böse, Hitze und Kälte und all die Gegensatzpaare werden dich dann nicht mehr stören.

tasmin sati śvāsa-praśvāsayor gati-vicchedaḥ prāṇāyāmaḥ //49//

49. Daraufhin folgt die Kontrolle der Bewegung von Ausatmung und Einatmung.

Wenn die Haltung gemeistert wurde, ist die Bewegung des Prana zu unterbrechen und unter Kontrolle zu bringen. So gelangen wir zum Pranayama, der Kontrolle der vitalen Kräfte des Körpers. Prana ist nicht Atem, obgleich es gewöhnlich so übersetzt wird. Es ist die Gesamtsumme der kosmischen Energie. Es ist die Energie, die in jedem Körper ist, und seine offenkundigste Manifestation ist die Bewegung der Lungen. Diese Bewegung wird vom Prana verursacht, das den Atem hereinzieht, und dieses suchen wir beim Pranayama unter Kontrolle zu bringen. Wir beginnen damit, den Atem zu kontrollieren, als dem leichtesten Weg, Kontrolle des Prana zu erlangen.

bāhya-abhyantara-stambha-vṛttir deśa-kāla-saṁkhyābhiḥ paridṛṣṭo dīrgha-sūkṣmaḥ //50//

50. Seine Modifikationen sind äußerlich oder innerlich, oder bewegungslos, geregelt durch Ort, Zeit und Zahl, entweder lang oder kurz.

Die drei Arten von Bewegung des Pranayama sind: erstens jene, durch welche wir den Atem einziehen, zweitens jene, durch die wir ihn ausstoßen, und drittens, wenn der Atem in den Lungen gehalten oder vom Eintritt in die Lungen abgehalten wird. Diese wiederum werden durch Ort und Zeit variiert. Mit „Ort" ist gemeint, dass Prana in einem bestimmten Körperteil gehalten wird. Mit „Zeit" ist gemeint, wie lange Prana an einer bestimmten Stelle gehalten werden sollte, und so wird uns gesagt, wie viele Sekunden wir eine Bewegung halten sollten und wie viele Sekunden eine andere. Das Resultat dieses Pranayama ist Udghāta, das Erwecken der Kundalini.

bāhya-abhyantara-viṣaya-ākṣepī caturthaḥ //51//

51. Das Vierte ist das Zurückhalten des Prana, indem über einen äußeren oder inneren Gegenstand reflektiert wird.

Dies ist die vierte Art von Pranayama, worin das Kumbhaka [Anhalten des Atems] herbeigeführt wird durch lange Übung, verbunden mit Reflexion, welche bei den anderen dreien fehlt.

tataḥ kṣīyate prakāśa-āvaraṇam //52//

52. Dadurch wird die Hülle über dem Licht des Citta reduziert.

Das Citta hat aufgrund seiner ureigenen Natur alle Erkenntnis. Es besteht aus Sattva-Partikeln, ist aber überzogen von Rajas- und Tamas-Partikeln, und durch Pranayama wird diese Hülle entfernt.

dhāraṇāsu ca yogyatā manasaḥ //53//

53. Der Geist wird fähig zur Dharana [Konzentration].

Nachdem diese Hülle beseitigt ist, können wir den Geist konzentrieren.

sva-viṣaya-asaṁprayoge citta-svarūpa-anukāra iva indriyāṇāṁ pratyāhāraḥ //54//

54. Das Hereinziehen der Organe erfolgt, indem sie ihre eigenen Objekte aufgeben und gleichsam die Form der Geistsubstanz annehmen.

Die Organe sind gesonderte Zustände der Geistsubstanz. Ich sehe ein Buch; die Form ist nicht im Buch, sie ist im Geist. Etwas ist außen, das die Form abruft. Die wirkliche Form ist im Citta. Die Organe identifizieren sich mit allem, was zu ihnen kommt, und nehmen dessen Formen an. Wenn du die Geistsubstanz davon abhalten kannst, diese Formen anzunehmen, wird der Geist ruhig bleiben. Das nennen wir Pratyahara.

tataḥ paramā vaśyatā indriyāṇām //55//

55. Daraus ergibt sich die höchste Kontrolle der Organe.

Wenn es dem Yogi gelungen ist, die Organe davon abzuhalten, die Formen äußerer Gegenstände anzunehmen und sie dazu zu bringen, eins mit der Geistsubstanz zu bleiben, so tritt vollkommene Kontrolle ein. Jeder Muskel und Nerv werden unter Kontrolle sein, weil die Organe die Zentren aller Empfindungen und aller Aktionen sind. Diese Organe unterteilen sich in Organe des Handelns und Organe der Empfindung. Wenn die Organe kontrolliert sind, kann der Yogi alles Fühlen und Handeln kontrollieren; der ganze Körper gelangt unter seine Kontrolle. Dann erst beginnt man die Freude, geboren zu sein, zu spüren; dann kann man wahrhaftig sagen: „Gesegnet bin ich, dass ich geboren wurde.“ Wenn diese Kontrolle der Organe erlangt ist, spüren wir, wie wunderbar dieser Körper wirklich ist.

3. Kapitel

Kräfte

Im folgenden Kapitel werden die Yoga-Kräfte beschrieben.

deśa-bandhaś cittasya dhāraṇā //1//

1. Dhāranā ist das Fixieren des Geistes auf einen bestimmten Gegenstand.

Dharana (Konzentration) liegt vor, wenn der Geist sich auf einen Gegenstand fixiert, entweder im Körper oder außerhalb von ihm, und in diesem Zustand verbleibt.

tatra pratyaya-ekatānatā dhyānam //2//

2. Ein beständiges Fließen der Erkenntnis in jenen Gegenstand ist Dhyāna.

Der Geist versucht, an *einen* Gegenstand zu denken, sich auf *einen* Punkt zu fokussieren, wie z.B. am Scheitelpunkt des Kopfes, im Herzen usw. Und wenn es dem Geist gelingt, die Empfindungen nur durch diesen Teil des Körpers zu empfangen und keinen anderen, so wäre dies Dharana. Und wenn es dem Geist gelingt, in diesem Zustand eine Zeit lang zu verweilen, so wird es Dhyana (Meditation) genannt.

tad eva artha-mātra-nirbhāsaṁ svarūpa-śūnyam iva samādhiḥ //3//

3. Wenn jenes, bei Aufgabe aller Formen, nur die Bedeutung wider-

spiegelt, so ist es Samadhi.

Jenes tritt ein, wenn bei der Meditation die Form oder der äußere Teil aufgegeben wird. Nehmen wir einmal an, ich meditiere über ein Buch und es ist mir schrittweise gelungen, den Geist darauf zu konzentrieren. Wenn ich dann nur die inneren Empfindungen wahrnehme, die Bedeutung, ohne dass sie in irgendwelchen Formen ausgedrückt wird, so wird dieser Zustand von Dhyana „Samadhi" genannt.

trayam ekatra saṁyamaḥ //4//

4. Wenn (diese) drei bezüglich *eines* Gegenstands (geübt werden), so ist es Samyama.

Wenn ein Mensch seinen Geist auf irgendeinen bestimmten Gegenstand richten und dort fokussieren und lange Zeit halten kann, indem der Gegenstand vom inneren Teil getrennt wird, so ist dies Samyama; oder Dharana, Dhyana und Samadhi, die eines nach dem anderen folgen und in eins sind. Die Form der Sache ist vergangen und nur ihre Bedeutung bleibt im Geist.

taj-jayāt prajñā-ālokaḥ //5//

5. Durch dessen Meisterung kommt das Licht der Erkenntnis.

Wenn es uns gelungen ist, diesen Samyama durchzuführen, gelangen alle Kräfte unter unsere Kontrolle. Dies ist das große Instrument des Yogis. Die Gegenstände der Erkenntnis sind unendlich, und sie werden unterteilt in grobe, gröbere, gröbste und feine, feinere, feinste usw. Dieser Samyama sollte zuerst auf grobstoffliche Dinge angewandt werden, und sobald du die Erkenntnis dieses Grobstofflichen zu erlangen beginnst, sollte er allmählich und stufenweise auf feinstofflichere Dinge gerichtet werden.

tasya bhūmiṣu viniyogaḥ //6//

6. Dies sollte stufenweise zur Anwendung gebracht werden.

Dies ist als Warnung zu verstehen, nicht zu versuchen, zu schnell voranzuschreiten.

trayam antar-aṅgaṁ pūrvebhyaḥ //7//

7. Diese drei sind mehr innerlich als jene, die vorangehen.

Zuvor hatten wir Pratyahāra, Prānāyāma, Āsana, Yama und Niyama. Sie sind die äußeren Teile der drei – Dhāranā, Dhyāna und Samādhi. Wenn ein Mensch sie erlangt hat, kann er Allwissenheit und Allmacht erlangen, aber das wäre nicht die Erlösung. Diese drei würden den Geist nicht Nirvikalpa machen, d.h. unveränderlich, sondern würden die Keime für erneute Verkörperungen zurücklassen. Erst wenn die Keime „geröstet“ sind, wie der Yogi sagt, verlieren sie die Möglichkeit, weitere Pflanzen hervorzubringen. Diese (oben genannten) Kräfte können nicht den Keim rösten.

tad api bahir-aṅgaṁ nirbījasya //8//

8. Aber selbst sie sind äußerlich in Bezug auf den keimlosen (Samadhi).

Verglichen mit dem keimlosen Samadhi sind deswegen selbst diese [drei] äußerlich. Wir haben noch nicht den echten, höchsten Samadhi erlangt, sondern eine niedere Stufe, worin dieses Universum, wie wir es sehen, noch existiert, und worin all diese Kräfte existieren.

vyutthāna-nirodha-saṁskārayor abhibhava-prādur-bhāvau nirodha-kṣaṇa-citta-anvayo nirodha-pariṇāmaḥ //9//

9. Durch Unterdrückung der beunruhigten Impressionen des Geistes und durch Sich-Erheben der Impressionen der Kontrolle erlangt der Geist, der festhält an jenem Moment der Kontrolle, die kontrollierenden Modifikationen.

Das heißt, in diesem ersten Stadium des Samadhi sind die Modifikationen des Geistes unter Kontrolle gebracht, aber nicht vollkommen, denn falls dies der Fall wäre, gäbe es keine Modifikationen. Wenn es eine Modifikation gibt, die den Geist dazu bringt, sich durch die Sinne zu veräußern, und der Yogi versucht, sie zu kontrollieren, so wird eben jene Kontrolle zu einer Modifikation. Eine Welle wird durch eine andere Welle gebremst, also wird es nicht der echte Samadhi sein, in dem alle Wellen zum Erliegen kommen, weil die Kontrolle selbst eine Welle sein wird. Und doch ist dieser niedere Samadhi dem höheren Samadhi viel näher, als wenn der Geist hervorsprudelt.

tasya praśānta-vāhitā saṁskārāt //10//

10. Sein Fluss wird durch Gewohnheit stetig.

Der Fluss dieser kontinuierlichen Kontrolle des Geistes wird bei täglicher Übung stetig, und der Geist erlangt dann die Fähigkeit zu ständiger Konzentration.

sarvārthatā-ekāgratayoḥ kṣaya-udayau cittasya samādhi-pariṇāmaḥ //11//

11. Das Aufnehmen aller Arten von Gegenständen und die Konzentration auf *einen* – wenn diese beiden Kräfte zerstört bzw. manifestiert sind, erlangt das Citta die Manifestation, die „Samadhi" genannt wird.

Der Geist nimmt vielerlei Gegenstände auf und begegnet allen möglichen Dingen. Das ist die tiefere Stufe. Es gibt eine höhere Stufe des Geistes, wenn er *einen* Gegenstand aufnimmt und alle anderen ausschließt, was im Samadhi resultiert.

śānta-uditau tulyapratyayau cittasya ekāgratā-pariṇāmaḥ //12//

12. Die Einspitzigkeit des Citta liegt vor, wenn die Impression, die vorüber ist, und jene, die gegenwärtig ist, sich gleich sind.

Wie können wir wissen, dass der Geist konzentriert geworden ist? Weil dann die Vorstellung von Zeit vergehen wird. Je mehr Zeit unbemerkt vorübergeht, desto konzentrierter bist du. Im gewöhnlichen Leben bemerken wir, dass wir, wenn wir an einem Buch interessiert sind, die Zeit gar nicht mehr wahrnehmen; und wenn wir das Buch schließen, bemerken wir oft mit Überraschung, wie viele Stunden vergangen sind. Die Zeit wird immer dazu neigen, in der gegenwärtigen zu verweilen. Daher wird die Definition gegeben: Wenn Vergangenheit und Gegenwart zusammenfließen, so sagt man, der Geist sei konzentriert.

etena bhūta-indriyeṣu dharma-lakṣana-avasthā pariṇāmā vyākhyātāḥ //13//

13. Hierdurch wird die dreifache Umwandlung von Form, Zeit und Zustand erklärt, in der feinstofflichen oder grobstofflichen Materie und in den Organen.

Mit der dreifachen Umwandlung in der Geistsubstanz bezüglich Form, Zeit und Zustand werden die entsprechenden Wandlungen in grob- und feinstofflicher Materie und in den Organen erklärt. Nehmen wir einmal einen Goldklumpen. Er wird in ein Armband und wiederum einen Ohrring verwandelt. Dies sind die Veränderungen von Form. Wenn wir dasselbe Phänomen vom Standpunkt der Zeit aus betrachten, sehen wir den Wandel bezüglich der Zeit.

Und weiter: das Armband oder der Ohrring kann hell oder dunkel sein, dick oder dünn usw. Dies ist ein Wandel bezüglich des Zustands. Wenn wir jetzt zu den Aphorismen 9, 11 und 12 zurückkehren, so wandelt sich die Geistsubstanz in Vrittis – dies ist die Wandlung bezüglich der Form. Dass sie vergangene, gegenwärtige und künftige Momente der Zeit durchläuft, ist ein Wandel bezüglich der Zeit. Dass die Impressionen bezüglich der Intensität innerhalb eines bestimmten Zeitabschnitts variieren, z.B. der Gegenwart, ist ein Wandel bezüglich des Zustands. Die Konzentrationen, die in den vorangehenden Aphorismen gelehrt wurden, sollten dem Yogi zu einer willentlichen Kontrolle über die Wandlungen seiner Geistsubstanz verhelfen, was allein ihn in die Lage versetzen wird, den Samyama zu vollziehen, der in III.4 erwähnt wird.

śānta-udita-avyapadeśya-dharma-anupātī dharmī //14//

14. Jenes, worauf die Umwandlungen einwirken, ob vergangen, gegenwärtig oder noch zu manifestieren, ist der Träger der Eigenschaften.[1]

Dies will sagen: der Träger der Eigenschaften ist die Substanz, auf welche Zeit und die Samskaras einwirken, und wird stets gewandelt und manifestiert.

krama-anyatvaṁ pariṇāma-anyatve hetuḥ //15//

15. Die Abfolge der Wandlungen ist die Ursache der vielfältigen Evolution.

pariṇāma-traya-saṁyamād atīta-anāgata-jñānam /16//

16. Durch Ausrichten des Samyama auf die drei Arten von Wandlungen kommt die Erkenntnis von Vergangenheit und Zukunft.

Wir dürfen nicht die erste Definition von Samyama aus dem Auge verlieren. Wenn der Geist jenen Zustand erreicht hat, wo er sich mit der inneren Impression des Gegenstands identifiziert und die äußere

---

[1] „Träger der Eigenschaften" gibt hier „the qualified" wieder. Das zugrundeliegende Sanskrit-Wort *dharmī* erfordert diese Übersetzung.

außen vor lässt, und wenn durch lange Übung dies vom Geist aufrechterhalten wird und er diesen Zustand augenblicklich erreichen kann, so ist dies Samyama. Wenn ein Mensch in diesem Zustand die Vergangenheit und Zukunft erkennen möchte, muss er einen Samyama auf die Wandlungen in den Samskaras vornehmen (III. 13). Einige sind jetzt in der Gegenwart am Wirken, einige sind schon ausgearbeitet, und einige warten noch darauf, wirksam zu werden. Indem er also einen Samyama auf diese richtet, erkennt er die Vergangenheit und die Zukunft.

śabda-artha-pratyayānām itara-itara-adhyāsāt saṁkaras tat-pravibhāga-saṁyamāt sarvabhūta-ruta-jñānam //17//

17. Durch Ausrichten des Samyama auf Wort, Bedeutung und Erkenntnis, die gewöhnlich vermischt sind, kommt die Erkenntnis der Klänge aller Wesen.

Das Wort steht für die äußere Ursache, die Bedeutung steht für die innere Schwingung, die durch die Kanäle der Indriyas zum Gehirn gelangt und dem Geist die äußere Impression vermittelt. Erkenntnis steht für die Reaktion des Geistes, begleitet von Wahrnehmung. Diese drei konstituieren, vermischt, unsere Sinnesgegenstände. Nehmen wir an, ich höre ein Wort: zuerst kommt die äußere Schwingung, dann die innere Empfindung, die dem Geist durch das Hörorgan zugetragen wird; dann reagiert der Geist und ich erkenne das Wort. Das Wort, das ich erkenne, ist eine Mischung aller drei – Schwingung, Empfindung und Reaktion. Normalerweise sind diese drei untrennbar; aber mittels Übung kann der Yogi sie trennen. Wenn jemand dies vollbracht hat, wenn er einen Samyama auf irgendeinen Klang richtet, versteht er die Bedeutung, welche jener Klang ausdrücken sollte, gleich ob von Mensch oder Tier hervorgebracht.

saṁskāra-sākṣātkaraṇāt pūrva-jāti-jñānam //18//

18. Durch Wahrnehmung der Impressionen (kommt) die Erkenntnis

des vergangenen Lebens.

Jede Erfahrung, die wir machen, kommt in Gestalt einer Welle im Citta, und diese verebbt und wird immer feiner, geht aber nie verloren. Sie verbleibt dort in winziger Form, und wenn wir diese Welle wieder hervorbringen können, wird sie zur Erinnerung. Wenn der Yogi also einen Samyama auf diese vergangenen Impressionen im Geist richten kann, wird er beginnen, sich an all seine vergangenen Leben zu erinnern.

pratyayasya para-citta-jñānam //19//

19. Indem Samyama auf die Merkmale im Körper eines anderen ausgeführt wird, kommt die Erkenntnis seines Geistes.

Jeder Mensch trägt spezifische Merkmale an seinem Körper, die ihn von einem anderen verschieden machen. Wenn der Yogi einen Samyama auf diese Merkmale durchführt, erkennt er das Wesen des Geistes dieser Person.

na ca tat sa-ālambanaṁ tasya aviṣayībhūtatvāt //20//

20. Aber nicht dessen Inhalte, da dies nicht das Ziel des Samyamas ist.

Man würde den Inhalt des Geistes nicht kennen, indem man einen Samyama auf den Körper ausführt. Es wäre ein zweifacher Samyama notwendig, zuerst auf die Merkmale im Körper, und dann auf den Geist selbst. Der Yogi würde dann alles erkennen, was in diesem Geist ist.

kāyarūpa-saṁyamāt tad-grāhya-śakti-stambhe cakṣuḥ-prakāśa-asaṁyoge'ntardhānam //21//

21. Wenn man Samyama auf die Form des Körpers durchführt, wird

der Körper des Yogis unsichtbar, da die Wahrnehmbarkeit der Form unterbunden und die Kraft der Manifestation im Auge abgetrennt wird.
Ein Yogi, der mitten in diesem Raum steht, kann scheinbar verschwinden. Er tut es nicht wirklich, wird aber von niemandem gesehen werden. Die Form und der Körper werden gleichsam getrennt. Ihr müsst daran denken, dass dies nur geschehen kann, wenn der Yogi jene Kraft der Konzentration erlangt hat, wo Form und der geformte Gegenstand getrennt wurden. Dann führt er einen Samyama darauf durch, und die Kraft, Formen wahrzunehmen, wird blockiert, weil die Kraft, Formen wahrzunehmen, von der Verbindung der Form und dem geformten Gegenstand herrührt.

etena śabdādi-antardhānam uktam //22//

22. Dadurch wird das Verschwinden oder Verbergen von Wörtern, die gesprochen werden, und ähnliches erklärt.

sa-upakramaṁ nir-upakramaṁ ca karma tat-saṁyamād apara-anta-jñānam ariṣṭebhyo vā //23//

23. Karma ist von zweifacher Art – jenes, das bald Früchte trägt, und jenes, das spät Früchte trägt. Indem man Samyama auf diese durchführt, oder mittels der Merkmale, welche Arishta, Vorzeichen, genannt werden, wissen die Yogis die genaue Zeit der Trennung von ihren Körpern.

Wenn ein Yogi einen Samyama auf sein eigenes Karma richtet, auf jene Impressionen in seinem Geist, die jetzt aktiv sind, und jene, die darauf warten, aktiv zu werden, weiß er exakt anhand derer, die warten, wann sein Körper dahingehen wird. Er weiß, wann er sterben wird, zu welcher Stunde, selbst in welcher Minute. Für die Hindus ist jenes Wissen oder Bewusstsein der Nähe des Todes wichtig, weil in der Gita gelehrt wird, dass die Gedanken im Augenblick des Dahinscheidens große Kräfte bei der Bestimmung des nächsten Lebens sind.

maitry-ādiṣu balāni //24//

24. Indem er Samyama auf Freundschaft, Erbarmen usw. richtet (I. 33), zeichnet sich der Yogi in den jeweiligen Eigenschaften aus.

baleṣu hasti-bala-ādīni //25//

25. Indem Samyama auf die Kraft des Elefanten und anderer gerichtet wird, wird die jeweilige Kraft dem Yogi zu eigen.

Wenn ein Yogi diesen Samyama erlangt hat und Stärke sucht, führt er einen Samyama auf die Kraft des Elefanten durch und bekommt sie. Unendliche Energie steht für alle zur Verfügung, wenn man nur weiß, wie man sie bekommt. Der Yoga hat die Wissenschaft, sie zu erlangen, entdeckt.

pravṛtty-āloka-nyāsāt sūkṣma-vyavahita-viprakṛṣṭa-jñānam //26//

26. Indem man Samyama auf das Strahlende Licht (I. 36) richtet, kommt die Erkenntnis des Feinen, Verdeckten und Fernen.

Indem der Yogi Samyama auf jenes Strahlende Licht im Herzen durchführt, sieht er Dinge, die sehr fern sind, Dinge z.B., die an einem fernen Ort geschehen und von Bergketten verdeckt sind, und ebenso auch Dinge, die sehr feinstofflich sind.

bhuvana-jñānaṁ sūrye-saṁyamāt //27//

27. Indem man Samyama auf die Sonne durchführt, (kommt) die Erkenntnis der Welt.

candre tārā-vyūha-jñānam //28//

28. Auf den Mond, so kommt die Erkenntnis der Sternenhaufen.

dhruve tad-gati-jñānam //29//

29. Auf den Polarstern, so kommt die Erkenntnis der Sternen-Bewegungen.

nābhi-cakre kāya-vyūha-jñānam //30//

30. Auf das Nabhi-Cakra, so kommt die Erkenntnis der Konstitution des Körpers.

kaṇṭha-kūpe kṣut-pipāsā-nivṛttiḥ //31//

31. Auf den Kehl-Hohlraum, so erfolgt ein Aufhören des Hungers.

Wenn ein Mensch sehr hungrig ist und Samyama auf den Hohlraum der Kehle durchführen kann, so erlischt der Hunger.

kūrma-nādyāṁ sthairyam //32//

32. Auf den Nerv namens „Kurma", so kommt Stabilität des Körpers.

Wenn er dies übt, so wird der Körper nicht gestört.

mūrdha-jyotiṣi siddha-darśanam //33//

33. Auf das Licht, das von der Krone des Kopfes ausstrahlt, [so erfolgt die] Schau der Siddhas.

Die Siddhas sind Wesen, die etwas über den Geistern stehen. Wenn der Yogi seinen Geist auf die Kopf-Krone konzentriert, wird er diese

Siddhas sehen. Das Wort Siddha bezieht sich [hier] nicht auf jene Menschen, die Freiheit erlangt haben – eine Bedeutung, in der es oft gebraucht wird.[1]

prātibhād vā sarvam //34//

34. Oder durch die Kraft von Prātibha, [kommt] alle Erkenntnis.

All diese können sich ohne jeden Samyama bei jedem Menschen einstellen, der die Kraft von Pratibha hat (spontane Erleuchtung aufgrund von Reinheit). Wenn ein Mensch einen hohen Zustand von Pratibha erlangt hat, so hat er das große Licht. Alle Dinge sind ihm offenbar. Alles kommt auf natürliche Weise zu ihm, ohne dass er Samyama durchführt.

hṛdaye citta-saṁvit //35//

35. Auf das Herz, [so kommt] die Erkenntnis vom Geist.

sattva-puruṣayor atyanta-asaṁkīrṇayoḥ pratyaya-aviśeṣo bhogaḥ parārtha-anya-svārtha-saṁyamāt puruṣa-jñānam //36//

36. Genuss entsteht aufgrund der Nicht-Unterscheidung von Seele und Sattva, die völlig verschieden sind, weil die Handlungen des letzteren für einen anderen sind. Samyama auf den In-sich-selbst-Ruhenden schenkt die Erkenntnis des Purusha.

Alle Handlung von Sattva, einer Modifikation der Prakriti, charakterisiert durch Licht und Glück, ist für die Seele. Wenn Sattva frei von Egoismus ist und erleuchtet mit der reineren Intelligenz des Purusha, so sprechen wir vom In-sich-selbst-Ruhenden, weil es in diesem Zustand unabhängig von allen Beziehungen wird.

---

[1] „Befreite, vollkommene Seele" ist die übliche Bedeutung von „Siddha".

tataḥ prātibha-śrāvaṇa-vedanā-ādarśa-āsvāda-vārtā-jāyante //37//

37. Daraus entsteht die Erkenntnis, die Pratibha angehört, und (übernatürliches) Hören, Berühren, Sehen, Schmecken und Riechen.

te samādhau upasargā vyutthāne siddhayaḥ //38//

38. Dies sind Hindernisse für den Samadhi; aber es sind Kräfte im weltlichen Zustand.

Für den Yogi kommt Erkenntnis der Genüsse der Welt durch die Verbindung von Purusha und Geist. Wenn er Samyama auf die Erkenntnis richten will, dass sie zwei verschiedene Dinge sind, Natur und Seele, erlangt er Erkenntnis des Purusha. Daraus entsteht Unterscheidungskraft. Wenn er sie hat, erlangt er Pratibha, das Licht des höchsten Genius. Diese [übernatürlichen] Kräfte sind jedoch Hindernisse für das Erlangen des höchsten Zieles, der Erkenntnis des reinen Selbstes, und der Freiheit. Man begegnet diesen Kräften gleichsam unterwegs; und wenn der Yogi sie zurückweist, erlangt er das Höchste. Wenn er der Versuchung unterliegt, sich diese anzueignen, so wird weiterer Fortschritt unterbunden.

bandha-kāraṇa-śaithilyāt-pracara-saṁvedanāc ca cittasya paraśarīra-āveśaḥ //39//

39. Wenn die Ursache der Bindung des Citta gelöst ist, tritt der Yogi durch sein Wissen von dessen Wirkkanälen (den Nerven) in den Körper eines anderen ein.

Der Yogi kann in einen toten Körper eintreten und ihn dazu bringen, sich zu erheben und zu bewegen, während er selbst in einem anderen Körper tätig ist. Oder er kann in einen lebenden Körper eintreten und Geist und Organe jenes Menschen unter Kontrolle halten, und handelt dann vorübergehend durch den Körper jenes Menschen. Dies wird vom Yogi vollbracht, der zu dieser Unterscheidung von Purusha und

Natur gelangt. Wenn er in den Körper eines anderen eintreten will, richtet er einen Samyama auf jenen Körper und tritt in ihn ein, denn nicht nur ist seine Seele allgegenwärtig, sondern auch sein Geist, wie der Yogi lehrt. Er ist ein winziger Teil des universellen Geistes. Jedoch kann er jetzt nur durch die Nervenströme in seinem Körper wirken. Aber wenn der Yogi sich von diesen Nervenströmen gelöst hat, kann er durch andere Dinge wirken.

udāna-jayāj jala-paṅka-kaṇṭaka-ādiṣu asaṅga utkrāntiś ca //40//

40. Durch Meisterung des Stromes, der Udāna genannt wird, versinkt der Yogi nicht in Wasser oder in Sümpfen, er kann auf Dornen usw. gehen und sterben, wann er will.

Udāna ist der Name des Nervenstromes, der über die Lungen und alle oberen Teile des Körpers bestimmt, und wenn er dessen Meister ist, wird sein Gewicht leicht. Er versinkt nicht im Wasser; er kann auf Dornen und Schwertscheiden gehen und in Feuer stehen, und er kann dieses Leben verlassen, wann immer es ihm beliebt.

samāna-jayāt prajvalanam //41//

41. Durch Meisterung des Stromes Samāna wird er von einem Lichtkranz umgeben.

Wann immer er möchte, strahlt Licht von seinem Körper aus.

śrotra-ākāśayoḥ saṁbandha-saṁyamād divyaṁ śrotram //42//

42. Indem Samyama auf die Beziehung zwischen dem Ohr und dem Akāsha durchgeführt wird, kommt das göttliche Hören.

Es gibt den Akasha, Äther, und das Instrument, das Ohr. Indem er Samyama auf sie richtet, erlangt der Yogi übernormales Hören; er hört alles. Alles, was meilenweit entfernt gesprochen oder intoniert wird, kann er hören.

kāya-ākāśayoḥ saṁbandha-saṁyamāl laghu-tūla-samāpatteś ca ākāśa-gamanam //43//

43. Indem er Samyama auf die Beziehung zwischen dem Akasha und dem Körper richtet und leicht wie Baumwolle usw. wird, durch Meditation über sie, läuft der Yogi durch die Himmel.

Dieser Akasha ist das Material dieses Körpers. Es ist nur Akasha in einer bestimmten Form, was zum Körper geworden ist. Wenn der Yogi einen Samyama auf dieses Akasha-Material des Körpers richtet, erlangt dieser die Leichtigkeit von Akasha und er kann nach Belieben irgendwo hin durch die Luft gehen. Ebenso auch im anderen Fall.

bahir akalpitā vṛttir mahāvidehā tataḥ prakāśa-āvaraṇa-kṣayaḥ //44//

44. Durch Ausführung von Samyama auf die „wirklichen Modifikationen" des Geistes, außerhalb des Körpers, genannt große Körperlosigkeit, verschwindet die Verhüllung von Licht.

Der Geist glaubt in seiner Torheit, er sei in diesem Körper tätig. Warum sollte ich durch *ein* Nervensystem gebunden sein und das Ich allein im Körper platzieren, wenn der Geist doch allgegenwärtig ist? Es gibt keinen Grund dafür, warum ich es sollte. Der Yogi möchte das Ich dort wahrnehmen, wo immer es ihm beliebt. Die mentalen Wellen, die sich in der Abwesenheit von Ich-Sinn im Körper erheben, werden „wirkliche Modifikationen" oder „große Körperlosigkeit" genannt. Wenn es ihm gelungen ist, Samyama auf diese Modifikationen durchzuführen, verschwindet alle Verhüllung von Licht und alle Dunkelheit und Unwissenheit vergehen. Alles erscheint ihm mit vollster Erkenntnis.

sthūla-svarūpa-sūkṣma-anvaya-arthavatva-saṁyamād bhūta-jayaḥ //45//

45. Durch Ausführung von Samyama auf die grob- und feinstofflichen Formen der Elemente, ihre grundlegenden Wesenszüge, die Inhärenz der Gunas in ihnen und auf ihren Beitrag zur Erfahrung der Seele erfolgt Meisterschaft der Elemente.

Der Yogi führt Samyama auf die Elemente durch, zuerst auf die grobstofflichen, dann auf die feineren Zustände. Dieser Samyama wird besonders von einer Sekte der Buddhisten praktiziert. Sie nehmen einen Lehmklumpen und richten Samyama darauf, und allmählich beginnen sie dann die feinstofflichen Materialien zu sehen, aus denen er sich zusammensetzt, und wenn sie alle feinstofflichen Materialien darin erkannt haben, erlangen sie die Macht über jenes Element. Ebenso mit allen Elementen. Der Yogi kann sie alle meistern.

tato'ṇima-ādi-prādurbhāvaḥ kāya-saṁpat tad-dharma-anabhighātaś ca //46//

46. Von daher kommen Winzigkeit und die übrigen Kräfte, „Glorifizierung des Körpers“ und Unzerstörbarkeit der körperlichen Eigenschaften.

Dies bedeutet, dass der Yogi die acht Kräfte erlangt hat. Er kann sich klein wie eine Partikel machen, oder so groß wie ein Berg oder schwer wie die Erde, oder leicht wie die Luft; er kann alles erreichen, was er nur will, er kann alles beherrschen, was er will, er kann alles meistern, was er will usw. Ein Löwe wird ihm zu Füßen sitzen wie ein Lamm, und all seine Wünsche werden ihm erfüllt werden, so er will.

rūpa-lāvaṇya-bala-vajra-saṁhananatvāni kāyasaṁpat //47//

47. Die „Glorifizierung des Körpers“ ist Schönheit, Anmut, Kraft, diamantene Härte.

Der Körper wird unzerstörbar. Nichts kann ihn verletzen. Nichts kann ihn zerstören, bis der Yogi es so will. „Die Knute der Zeit brechend lebt er in diesem Universum mit seinem Körper." In den Veden steht geschrieben, dass es für einen solchen Menschen keine Krankheit, keinen Tod oder Schmerz mehr gibt.

grahana-svarūpa-asmitā-anvaya-arthavatva-saṁyamād indriya-jayaḥ //48//

48. Indem Samyama auf die Objektbezogenheit und Erleuchtungskraft der Organe gerichtet wird, auf den Ich-Sinn, die Inhärenz der Gunas in ihnen und auf ihren Beitrag für die Erfahrung der Seele, erfolgt die Meisterung der Organe.

Bei der Wahrnehmung der äußeren Gegenstände verlassen die Organe ihren Standort im Geist und bewegen sich auf den Gegenstand hin; daran schließt sich Erkenntnis an. Bei diesem Akt ist auch Ich-Sinn gegenwärtig. Wenn der Yogi Samyama auf diese und die anderen beiden schrittweise durchführt, meistert er die Organe. Nimm irgendetwas, was du siehst oder wahrnimmst, ein Buch zum Beispiel: zuerst konzentriere den Geist darauf, dann auf die Erkenntnis, die in der Form eines Buches ist, und dann auf das Ich, das das Buch sieht, usw. Durch diese Übung werden alle Organe gemeistert werden.

tato manojavitvaṁ vikaraṇa-bhāvaḥ pradhānajayaś ca //49//

49. Von daher erlangt der Körper die Kraft schneller Bewegung gleich dem Geist, Kraft der Organe unabhängig vom Körper, und Meisterung der Natur.

So wie durch Meisterung der Elemente der glorifizierte Körper kommt, so werden durch Meisterung der Organe die oben erwähnten Kräfte kommen.

sattva-puruṣa-anyatā-khyāti-mātrasya sarva-bhāva-adhiṣṭhātṛtvaṁ sarvajñātṛtvaṁ ca //50//

50. Indem man Samyama auf die Unterscheidung zwischen Sattva und Purusha durchführt, kommen Allmacht und Allwissenheit.

Wenn die Natur gemeistert und der Unterschied zwischen Purusha und Natur realisiert ist – d.h., dass der Purusha unzerstörbar, rein und vollkommen ist – so kommen Allmacht und Allwissenheit.

tad-vairāgyād api doṣa-bīja-kṣaye kaivalyam //51//

51. Indem man selbst diesen Kräften entsagt, kommt die Zerstörung des ureigenen Keimes des Bösen, was in Kaivalya[1] resultiert.

Er erlangt Alleinheit, Unabhängigkeit, und wird frei. Wenn man selbst die Vorstellungen von Allmacht und Allwissenheit aufgibt, erfolgt die vollständige Zurückweisung des Genusses, der Versuchungen von himmlischen Wesen. Wenn der Yogi all diese wunderbaren Kräfte gesehen und zurückgewiesen hat, erreicht er das Ziel. Welches sind all diese Kräfte? Schlicht und einfach Manifestationen, nichts Besseres als Träume. Es hängt vom Geist ab. Solange es einen Geist gibt, kann er verstanden werden, aber das Ziel liegt jenseits selbst des Geistes.

sthāny-upanimantraṇe saṅga-smaya-akaraṇaṁ punar-aniṣṭa-prasaṅgāt //52//

52. Der Yogi sollte sich von den Avancen himmlischer Wesen nicht hingezogen oder geschmeichelt fühlen, weil wiederum Unheil zu befürchten ist.

Es gibt noch weitere Gefahren; Götter und andere Wesen kommen, um den Yogi zu versuchen. Sie wollen nicht, dass irgendjemand vollkommen frei ist. Sie sind eifersüchtig, so wie wir es sind, und

---

[1] Alleinheit, Einzigkeit, Erlöstheit, Freiheit.

manchmal noch schlimmer als wir. Sie haben große Angst davor, ihre Stellungen zu verlieren. Jene Yogis, die nicht Vollkommenheit erreichen, sterben und werden zu Göttern; indem sie die Hauptstraße verlassen, schwenken sie in eine der Nebenstraßen ein und erlangen diese Kräfte. Daraufhin müssen sie wiedergeboren werden. Aber wer stark genug ist, um diesen Versuchungen zu widerstehen und geradewegs das Ziel anzustreben, wird frei.

kṣaṇa-tatkramayoḥ samyamād vivekajaṁ jñānam //53//

53. Indem man Samyama auf einen kleinen Zeitabschnitt durchführt und auf jenen, der ihm vorausgeht und folgt, ergibt sich Unterscheidungskraft.

Wie können wir all diese Dinge vermeiden, diese Devas, Himmel und Kräfte? Durch Unterscheidungskraft, indem wir Gutes vom Bösen unterscheiden. Daher wird ein Samyama gegeben, durch den die Kraft der Unterscheidung erhöht werden kann. Dies geschieht, indem ein Samyama auf eine Zeitpartikel durchgeführt wird und auf die Zeit, die ihr vorausgeht und auf sie folgt.

jāti-lakṣaṇa-deśair-anyatā-anavacchedāt tulyayos tataḥ pratipattiḥ //54//

54. Selbst jene Dinge, welche sich nicht nach Gattung, Merkmalen und Ort differenzieren lassen, werden durch den oben genannten Samyama unterschieden werden.

Das Elend, das wir erleiden, kommt von der Unwissenheit, von der Nicht-Unterscheidung zwischen dem Wirklichen und Unwirklichen. Wir alle halten das Böse für das Gute, den Traum für die Wirklichkeit. Seele ist die einzige Wirklichkeit, und wir haben es vergessen. Der Körper ist ein unwirklicher Traum, und wir glauben, wir seien alle Körper. Diese Nicht-Unterscheidung ist die Ursache des Elends. Es wird von Unwissenheit verursacht. Wenn Unterscheidung kommt, bringt sie Kraft, und dann erst können wir all diese verschiedenen Vorstellungen von Körper, Himmel und Göttern vermeiden. Diese Unwissenheit entsteht, indem wir anhand von Gattung, Merkmalen und Ort unterscheiden.

Nehmen wir z.B. eine Kuh. Die Kuh unterscheidet sich aufgrund ihrer Spezies vom Hund. Wie aber nehmen wir innerhalb der Kühe selbst die Unterscheidung zwischen der einen und der anderen vor? Anhand der Merkmale. Wenn zwei Gegenstände sich genau gleichen, so können sie unterschieden werden, wenn sie sich an verschiedenen Orten befinden. Wenn Gegenstände so vermischt sind, dass selbst diese Kriterien nicht weiterhelfen, wird die Kraft der Unterscheidung, die durch die oben erwähnte Übung erlangt wurde, uns die Fähigkeit verleihen, sie zu unterscheiden.

Die höchste Philosophie des Yogis beruht auf dieser Tatsache, dass der Purusha rein und vollkommen ist, und das ist das einzige „Unikum“, das in diesem Universum existiert. Körper und Geist sind etwas Zusammengesetztes, und doch identifizieren wir uns unentwegt mit ihnen. Dies ist der große Fehler, dass die Unterscheidung verloren gegangen ist. Wenn die Kraft der Unterscheidung erlangt ist, sieht der Mensch, dass alles in dieser Welt – ob mental oder physisch – etwas Zusammengesetztes ist und als solches nicht der Purusha sein kann.

tārakaṁ sarvaviṣayaṁ sarvathā-viṣayam akramaṁ ca iti vivekajaṁ jñānam //55//

55. Die rettende Erkenntnis ist jenes Wissen von der Unterscheidungskraft, welches gleichzeitig alle Gegenstände in all ihren Variationen erfasst.

Rettend, weil die Erkenntnis den Yogi über das Meer von Geburt und Tod führt. Die gesamte Prakriti in all ihren grob- und feinstofflichen Zuständen ist im Bereich dieser Erkenntnis. Es gibt keine Aufeinanderfolge bei der Wahrnehmung durch diese Erkenntnis; sie nimmt alle Dinge gleichzeitig wahr, auf einen Blick.

sattva-puruṣayoḥ śuddhi-sāmye kaivalyam //56//

56. Durch die Gleichheit der Reinheit von Sattva und Purusha kommt Kaivalya.

Wenn die Seele erkennt, dass sie von nichts im Universum abhängt, von den Göttern bis hin zum niedrigsten Atom, so nennen wir dies Kaivalya (Alleinigkeit) und Vollkommenheit. Es wird erlangt, wenn diese Mischung von Reinheit und Unreinheit, Sattva (Intellekt) genannt, so rein gemacht wurde wie der Purusha selbst; dann spiegelt Sattva nur die uneingeschränkte Essenz von Reinheit wieder, welche der Purusha ist.

4. Kapitel

Unabhängigkeit

janma-oṣadhi-mantra-tapaḥ-samādhijāḥ siddhayaḥ //1//

1. Die Siddhis (Kräfte) werden erlangt durch Geburt, chemische Mittel[1], Kraft der Worte, Askese oder Konzentration.

Manchmal wird ein Mensch mit den Siddhis, Kräften, geboren, die er in seiner früheren Inkarnation erworben hatte. Diesmal wird er gleichsam geboren, um deren Früchte zu genießen. Von Kapila, dem großen Urvater der Sankhya-Philosophie, wird gesagt, dass er ein geborener Siddha gewesen sei, was wörtlich bedeutet, „jemand, der Erfolg erlangt hat".

Die Yogis behaupten, diese Kräfte könnten durch chemische Mittel erlangt werden. Ihr wisst ja, dass die Chemie ursprünglich als Alchemie begann. Die Menschen hielten Ausschau nach dem Stein des Weisen und Lebenselixier, usw. In Indien gab es die Sekte der „Rāsāyanas". Sie glaubten, dass Idealität, Erkenntnis, Spiritualität und Religion alle gut und schön sind, aber dass der Körper das einzige Instrument sei, womit man all dies erlangen konnte. Wenn der Körper ständig immer wieder ein Ende fände, würde es enorm lange dauern, das Ziel zu erreichen.

Nehmen wir einmal jemanden, der Yoga praktizieren oder spirituell werden will. Bevor er viel Fortschritt gemacht hat, stirbt er. Dann nimmt er einen anderen Körper an und beginnt von neuem, stirbt wieder usw. Auf diese Weise wird viel Zeit verloren gehen. Wenn man den Körper stark und vollkommen machen könnte, so dass er von Geburt und Tod befreit würde, hätten wir viel mehr Zeit, um spirituell zu werden. Die Rasayanas sagten also, man solle zuerst seinen Körper kräftigen. Sie behaupten, dieser Körper könne unsterblich gemacht

[1] Vivekananda schreibt „chemical means". Das zugrundeliegende Sanskrit-Wort *oṣadhi* bedeutet Pflanze, Heilkraut, Heilmittel.

werden. Ihre Vorstellung ist: Wenn der Geist den Körper erschafft und wenn es wahr ist, dass jeder Geist nur *ein* Kanal für die unendliche Energie ist, dann sollte es allen Kanälen möglich sein, unbegrenzte Kraft von außen zu erlangen.

Warum ist es unmöglich, unseren Körper die ganze Zeit zu bewahren? Wir müssen all die Körper erschaffen, die wir je haben. Sobald dieser Körper stirbt, müssen wir einen anderen erschaffen. Wenn wir das tun können, warum können wir eben dies nicht hier und jetzt vollbringen, ohne den vorhandenen Körper zu verlassen? Die Theorie ist vollkommen richtig. Wenn es möglich ist, dass wir nach dem Tod leben und andere Körper erschaffen, warum ist es dann unmöglich, die Kraft zu haben, Körper hier zu erschaffen, ohne diesen Körper gänzlich aufzulösen, indem wir ihn einfach ständig auswechseln?

Sie glaubten auch, dass in Quecksilber und Sulfur höchst wunderbare Kraft verborgen liege und dass es einem Menschen mithilfe von gewissen Mixturen daraus möglich wäre, seinen Körper so lange zu bewahren, wie er wollte. Andere glaubten, bestimmte Drogen können Kräfte bringen, um z.B. durch die Luft zu fliegen. Viele der großartigsten Arzneien der Gegenwart verdanken wir den Rasayanas, vor allem die Anwendung von Metallen in der Medizin. Manche Yogi-Sekten behaupten, dass viele ihrer wichtigsten Lehrer noch in ihren alten Körpern lebten. Patanjali, die große Autorität für Yoga, bestreitet dies nicht.

Die Kraft der Worte. Es gibt gewisse heilige Wörter, welche Mantras genannt werden. Wenn sie unter den richtigen Bedingungen wiederholt werden, haben sie die Kraft, diese außergewöhnlichen Kräfte zu erzeugen. Wir leben Tag und Nacht inmitten einer so großen Zahl von Wundern, dass wir ihnen gar keine Beachtung schenken. Es gibt keine Grenzen für die Kräfte des Menschen, die Kraft von Worten und des Geistes.

Askese. Wir sehen, dass in jeder Religion Askese praktiziert wurde. Bei diesen religiösen Konzepten gehen die Hindus stets in die Extreme. Man findet Menschen, die ein ganzes Leben lang die Hände nach oben gestreckt halten, bis sie verwesen und absterben. Andere stehen Tag und Nacht, bis ihre Füße anschwellen, und wenn sie weiter leben, versteifen die Beine so sehr in dieser Position, dass sie diese nicht mehr beugen können und ihr ganzes Leben stehen müssen. Ich sah einmal einen Mann, der auf diese Weise seine Hände hochgestreckt hielt, und ich fragte ihn, wie es sich anfühlte, als er damit begann. Er sagte, es sei eine furchtbare Qual gewesen. So sehr, dass er in einen Fluss tauchen musste, was den Schmerz für eine kurze Weile etwas linderte. Nach einem Monat litt er kaum noch. Durch solche Praktiken können Kräfte, Siddhis, erlangt werden.

Konzentration. Konzentration ist Samadhi, und dies ist der rechte Yoga.

jāty-antara-pariṇāmaḥ prakṛty-āpūrāt //2//

2. Der Übergang in eine andere Gattung erfolgt durch das Einströmen der Natur.

Patanjali hat erklärt, diese Kräfte kämen durch Geburt, manchmal durch chemische Mittel, oder durch Askese. Er gesteht auch zu, dass dieser Körper beliebig lange Zeit bewahrt werden könne. Als nächstes führt er aus, welches die Ursache des Wechselns des Körpers in eine andere Gattung ist. Er sagt, dies geschehe durch das Einströmen der Natur, was er im nächsten Aphorismus erklärt.

nimittam aproyojakaṁ prakṛtīnāṁ varaṇa-bhedas tu tataḥ kṣetrikavat //3//

3. Gute und schlechte Taten sind nicht die direkten Ursachen bei den Umwandlungen der Natur, aber sie haben die Funktion, Hindernisse für die Entwicklungen der Natur zu brechen: so wie ein Farmer die Hindernisse wegräumt, die dem Lauf des Wassers entgegen stehen, welches dann seiner eigenen Natur gemäß herabströmt.[1]

Das Wasser für die Bewässerung von Feldern ist bereits im Kanal, nur

---

[1] Wenn Vivekananda im Folgenden von „Natur“ spricht, meint er die wahre Purusha-Natur. Dies wird auch deutlich in seinem Kommentar zum nachfolgenden Aphorismus. Die Übersetzung ist sehr interpretativ, wie auch ihre Länge im Vergleich zum Original deutlich macht. Der Abschnitt nach den Worten „so wie ein Farmer…“ wurde erläuternd hinzugefügt.

von Sperrtoren blockiert. Der Farmer öffnet diese Tore, und das Wasser strömt dann von selbst herein, aufgrund der Schwerkraft. So sind aller Fortschritt und alle Kraft bereits in jedem Menschen vorhanden; Vollkommenheit ist die Natur des Menschen, sie wird nur daran gehindert, ihren rechten Lauf zu nehmen. Wenn jemand das Hindernis beseitigen kann, strömt die Natur herein. Dann erlangt der Mensch jene Kräfte, die ihm bereits zu eigen sind. Jene, die wir „böse" nennen, werden zu Heiligen, sobald das Hindernis beseitigt ist und die Natur hereinströmt. Es ist die Natur, die uns zur Vollkommenheit treibt, und letztendlich wird sie alle dorthin bringen. All die Übungen und Anstrengungen, religiös zu werden, sind nur negative Arbeit, die Hindernisse zu beseitigen und die Tore jener Vollkommenheit zu öffnen, welche unser Geburtsrecht ist, unsere Natur.

Die Evolutionslehre der Yogis alter Zeit wird heutzutage im Licht moderner Forschung besser verstanden werden. Und doch ist die Lehre der Yogis eine bessere Erklärung. Die beiden Ursachen der Evolution, welche von modernen Forschern genannt werden, d.h. sexuelle Selektion und Überleben des Stärkeren, sind unzureichend. Nehmen wir einmal an, dass menschliche Erkenntnis so viel Fortschritt gemacht hat, dass der Wettbewerb ausgeschaltet ist, sowohl was die Nahrungsversorgung als auch die Partnersuche angeht. Dann wird gemäß den modernen Forschern der menschliche Fortschritt aufhören und die Menschen werden aussterben.

Das Resultat dieser [Darwinschen] Theorie ist, dass jeder Unterdrücker ein Argument in die Hand beikommt, um Gewissensbisse zu besänftigen. Es fehlt nicht an Menschen, die sich als Philosophen geben und alle bösen und unfähigen Menschen (wobei sie natürlich die einzigen sind, die über „Unfähigkeit" befinden) töten wollen, um so die menschliche Rasse zu erhalten! Aber der große alte Evolutionsdenker Patanjali erklärt, das wahre Geheimnis der Evolution sei die Manifestation der Vollkommenheit, die bereits in jedem Wesen angelegt ist; dass diese Vollkommenheit blockiert war und dass der unendliche Strom dahinter darum ringe, sich Ausdruck zu verschaffen.

Diese Kämpfe und Wettbewerbe sind nur Resultate unserer Unwissenheit, weil wir nicht den rechten Weg kennen, um das Tor zu entsperren und das Wasser hereinzulassen. Dieser unendliche Strom im Hintergrund muss sich ausdrücken; er ist die Ursache aller Manifestation. Wettstreit für Lebensziele oder sexuelle Erfüllung sind nur flüchtige, nicht notwendige, äußere Wirkungen, die von Unwissenheit verursacht sind. Selbst wenn aller Wettstreit vorüber ist, wird diese vollkommene Natur im Hintergrund uns dazu bringen, voranzuschreiten, bis ein jeder vollkommen geworden ist. Deswegen gibt es keinen Grund zu glauben, Wettstreit sei notwendig für den Fortschritt. Im Tier war der Mensch unterdrückt, aber sobald die Tür geöffnet wurde, kam der Mensch hervor. So ist auch im Menschen der potentielle Gott angelegt, eingesperrt von Schloss und Riegel der Unwissenheit. Wenn Erkenntnis diese Riegel zerbricht, wird der Gott manifest.

nirmāṇa-cittāny asmitā-mātrāt //4//

4. Aus dem Ich-Sinn allein gehen die erschaffenen Mentale [minds] hervor.

Die Karma-Lehre besagt, dass wir für unsere guten oder schlechten Taten leiden, und der Philosophie geht es darum, die Herrlichkeit des Menschen zu erreichen. Alle heiligen Schriften singen von der Herrlichkeit des Menschen, der Seele, und predigen dann im selben Atemzug Karma. Eine gute Tat bringt dieses Resultat, eine schlechte Tat ein anderes, aber wenn auf die Seele durch eine gute oder schlechte Tat eingewirkt werden kann, läuft die Seele auf nichts hinaus. Schlechte Taten blockieren die Manifestation der Natur des Purusha; gute Taten räumen die Hindernisse weg und die Herrlichkeit des Purusha wird manifest. Der Purusha selbst wandelt sich nie. Was auch immer du tun magst, es zerstört nie deine eigene Herrlichkeit, deine eigene Natur, weil auf die Seele nichts einwirken kann. Es wird nur ein Schleier vor ihr ausgebreitet, der ihre Vollkommenheit verbirgt.

Um ihr Karma rasch zu erschöpfen, schaffen Yogis Kāya-vyuha, Gruppen von Körpern, um es in ihnen auszuarbeiten. Für all diese Körper erschaffen sie Mentale vom Ich-Sinn. Sie werden „erschaffene Mentale" genannt, im Unterschied zu ihren ursprünglichen Mentalen.

pravṛtti-bhede prayojakaṁ cittam ekam anekeṣām //5//

5. Obgleich die Aktivitäten der verschiedenen erschaffenen Mentale vielfältig sind, ist der eine ursprüngliche Geist Meister von ihnen allen.

Diese verschiedenen Mentale, die in diesen verschiedenen Körpern tätig sind, werden „gemachte Mentale" genannte, und die Körper „gemachte Körper"; d.h. erschaffene Körper und Mentale. Materie und Geist sind wie zwei unerschöpfliche Speicher. Wenn du zum Yogi wirst, erlernst du das Geheimnis ihrer Kontrolle. Du besaßest es die ganze Zeit, hattest es aber vergessen. Wenn du zum Yogi wirst, erinnerst du dich daran. Dann kannst du alles damit machen, es nach Belieben in jeder Weise handhaben.

Das Material, aus dem ein erschaffener Geist gemacht wird, ist genau dasselbe Material, welches für den Makrokosmos gebraucht wird. Es ist nicht so, dass der Geist das eine ist, und die Materie das andere; sie sind verschiedene Aspekte derselben Sache. Asmitā, Ich-Sinn, ist das Material, der feinstoffliche Seinszustand, aus dem diese gemachten Mentale und Körper des Yogi erschaffen werden. Deswegen kann der Yogi, wenn er das Geheimnis dieser Energien der Natur entdeckt hat, jede beliebige Anzahl von Körpern oder Mentalen aus der Substanz, die Ich-Sinn genannt wird, erschaffen.

tatra dhyānajam anāśayam //6//

6. Unter den verschiedenen Cittas ist jenes, welches durch Samadhi erlangt wird, frei von Begehren.

Unter all den verschiedenen Mentalen, die wir in verschiedenen Menschen sehen, ist nur jener Geist der höchste, welcher Samadhi, vollkommene Konzentration, erlangt hat. Jemand, der gewisse Kräfte durch Arzneien oder Worte oder Askese erlangt hat, hat noch Begehren, aber wer Samadhi durch Konzentration erlangt hat, ist als einziger frei von ihnen.

karma aśukla-akṛṣṇaṁ yoginas trividham itareṣām //7//

7. Werke sind weder schwarz noch weiß für die Yogis; für andere sind sie dreifacher Art – schwarz, weiß und vermischt.

Wenn der Yogi Vollkommenheit erlangt hat, binden ihn seine Handlungen nicht und auch nicht das Karma, das durch sie erzeugt wird, weil er kein Verlangen nach ihnen hatte. Er arbeitet einfach weiter; er arbeitet, um Gutes zu tun, und er tut Gutes, sorgt sich aber nicht um das Resultat, und es wird sich einstellen. Aber für gewöhnliche Menschen, die den höchsten Zustand nicht erlangt haben, sind Werke dreifacher Art: schwarz (böse Handlungen), weiß (gute Handlungen) und vermischt.

tatas tad-vipāka-anuguṇānām eva abhivyaktir vāsanānām //8//

8. Von diesen dreifachen Werken her werden in jedem Zustand nur jene Begehren manifestiert, die jenem Zustand allein entsprechen. (Die anderen werden vorläufig auf Abstand gehalten.)

Nehmen wir einmal an, ich habe die drei Arten von Karma hervorgebracht, d.h. gut, böse, und vermischt; und nehmen wir einmal an, ich sterbe und werde zu einem Gott im Himmel. Die Begehren in einem Gott-Körper sind nicht dieselben wie jene in einem menschlichen Körper; der Gott-Körper isst und trinkt nicht. Was wird aus meinen vergangenen unverarbeiteten Karmas, die als ihre Wirkung den Wunsch hervorbringen, zu essen und zu trinken? Was würde aus diesen Karmas werden, wenn ich zu einem Gott würde? Die Antwort lautet, dass Begehren sich nur in den richtigen äußeren Umgebungen manifestieren können. Nur jene Begehren werden hervortreten, die eine Entsprechung in der Umgebung haben; der übrige Teil wird abgespeichert bleiben.

In diesem Leben haben wir viele erhabene Wünsche, viele menschliche und viele animalische. Wenn ich den Körper eines Gottes annehme, werden nur die guten Wünsche hervortreten, weil die entsprechende äußere Umgebung vorliegt. Wenn ich dagegen einen Tierkörper annehme, werden nur die animalischen Wünsche hervortreten und die guten werden warten. Was zeigt dies? Dass wir mittels der äußeren

Umgebung diese Begehren im Zaum halten können. Nur das Karma wird hervortreten, das der jeweiligen äußeren Umgebung entspricht und ihr gemäß ist. Dies zeigt, dass die Kraft der äußeren Umgebung ein großes Mittel ist, um das Karma selbst unter Kontrolle zu bringen.

jāti-deśa-kāla-vyavahitānām apy ānantaryaṁ smṛti-saṁskārayor ekarūpatvāt //9//

9. Bei den Begehren gibt es eine Aufeinanderfolge, obgleich getrennt von Gattung, Raum und Zeit, da Erinnerung und Impressionen identisch sind.

Wenn Erfahrungen feinstofflich werden, so werden sie zu Impressionen; wenn Impressionen neu belebt werden, so werden sie zur Erinnerung. Das Wort „Erinnerung" schließt hier die unbewusste Koordination von vergangenen Erfahrungen ein, reduziert auf Impressionen, mit gegenwärtiger bewusster Aktion. In jedem Körper wird nur die Gruppe von Impressionen, die in einem ähnlichen Körper erlangt wurde, zur Ursache der Handlung in jenem Körper. Die Erfahrungen eines nicht-ähnlichen Körpers bleiben in Ruheposition. Jeder Körper wirkt, als wäre er ein Abkömmling einer Reihe von Körpern nur jener Spezies; so wird die Aufeinanderfolge von Begehren nicht unterbrochen.

tāsām anādityaṁ ca āśiṣo nityatvāt //10//

10. Da das Verlangen nach Glück ewig ist, sind Begehren ohne Anfang.

Aller Erfahrung geht das Verlangen nach Glück voran. Es gab keinen Anfang der Erfahrung, da jede neue Erfahrung auf der Tendenz beruht, die von vergangener Erfahrung erzeugt wird; daher ist Begehren ohne Anfang.

hetu-phala-āśraya-ālambanaiḥ saṁgṛhītatvād eṣām abhāve tadabhāvaḥ //11//

11. Zusammengehalten durch Ursache, Wirkung, Unterstützung und Objekte, erfolgt in deren Abwesenheit die Abwesenheit davon.

Begehren werden durch Ursache und Wirkung zusammengehalten.[1] Wenn ein Begehren wachgerufen wurde, vergeht es nicht, ohne seine Wirkung zu erzeugen. Dann wiederum ist die Geistsubstanz der große Speicher, die Stütze aller vergangenen Begehren, reduziert auf Samskara-Form; bis sie sich ausgearbeitet haben, werden sie nicht vergehen. Und ferner: Solange die Sinne die äußeren Gegenstände empfangen, werden neue Begehren aufsteigen. Wenn es möglich ist, sich von der Ursache, Wirkung, Stütze und den Gegenständen des Begehrens zu befreien, dann allein wird es vergehen.

atīta-anāgataṁ svarūpato'sty adhva-bhedād dharmāṇām //12//

12. Die Vergangenheit und Zukunft existieren in ihrem eigenen Wesen, während die Eigenschaften anderer Art sind.

Der Gedanke ist, dass das Sein nie aus dem Nichtsein hervorkommt. Obgleich die Vergangenheit und Zukunft nicht in einer manifestierten Form existieren, existieren sie doch in einer feinstofflichen Form.

te vyakta-sūkṣmā guṇa-ātmānaḥ //13//

13. Sie sind manifestiert oder feinstofflich, indem sie das Wesen der Gunas haben.

Die Gunas sind die drei Substanzen, Sattva, Rajas und Tamas, deren grobstofflicher Zustand das wahrnehmbare Universum ist. Vergan-

---

[1] Die Ursachen sind die „schmerztragenden Hindernisse" (II. 3) und Handlungen (IV. 7) und die Wirkungen sind „Gattung, Leben und die Erfahrung von Freude und Schmerz. (II. 13). (Anm. des ind. Hrsg.)

genheit und Zukunft entstehen aus den verschiedenen Modi der Manifestation dieser Gunas.

pariṇāma-ekatvād vastu-tattvam //14//

14. Die Einheit in den Dingen ergibt sich aus der Einheit in den Wandlungen.

Obgleich es drei Substanzen gibt, haben alle Gegenstände ihre Einheit, da ihre Wandlungen koordiniert sind.

vastu-sāmye citta-bhedāt tayor vibhaktaḥ panthāḥ //15//

15. Da Wahrnehmung und Wunsch[1] im Hinblick auf denselben Gegenstand variieren, sind Geist und Gegenstand von verschiedener Natur.

D.h., es gibt eine objektive Welt unabhängig von unserem Geist. Dies ist eine Widerlegung des buddhistischen Idealismus. Da verschiedene Menschen dieselbe Sache verschieden betrachten, kann es nicht eine bloße Vorstellung eines bestimmten Individuums sein.

tat-uparāga-apekṣitvāc cittasya vastu-jñāta-ajñātam //16//

16. Die Dinge sind dem Geist bekannt oder unbekannt, abhängig von der Färbung, welche sie dem Geist geben.

sadā jñātās citta-vṛttayas tat-prabhoḥ puruṣasya aparināmitvāt //17//

17. Die Zustände des Geistes sind stets bekannt, weil der Herr des Geistes, der Purusha, unwandelbar ist.

---

[1] Eine sehr freie Wiedergabe. Im Original steht statt „Wahrnehmung und Wunsch" nur „Citta".

Der ganze Kern dieser Lehre besteht darin, dass das Universum sowohl geistig als auch materiell ist. Beide befinden sich in einem ständigen Zustand des Flusses. Was ist dieses Buch? Es ist eine Verbindung von Molekülen in ständigem Wandel. Die einen gehen hinaus, und andere kommen herein; es ist ein Strudel, aber was stellt die Einheit her? Was macht es zum selben Buch? Die Wandlungen erfolgen rhythmisch; in harmonischer Ordnung senden sie Impressionen an meinen Geist, und diese ergeben zusammengesetzt ein kontinuierliches Bild, obgleich die Teile sich kontinuierlich wandeln. Der Geist selbst wandelt sich ständig. Der Geist und der Körper sind wie zwei Schichten in ein und derselben Substanz, die sich mit verschiedener Geschwindigkeit bewegen. Da sich der eine relativ langsamer als der andere bewegt, können wir zwischen den beiden Bewegungen unterscheiden.

Zum Beispiel fährt da ein Zug, und daneben fährt eine Kutsche. Es ist möglich, die Bewegung dieser beiden in einem gewissen Grad zu erkennen. Aber es ist noch etwas anderes erforderlich. Bewegung kann nur wahrgenommen werden, wenn es etwas anderes gibt, was sich nicht bewegt. Wenn sich aber zwei oder drei Dinge relativ bewegen, erkennen wir zuerst die Bewegung des schnelleren und dann jene der langsameren. Wie soll der Geist wahrnehmen? Er befindet sich auch im Fluss. Daher ist etwas anderes erforderlich, was sich langsamer bewegt. Daraufhin musst du zu etwas gelangen, worin die Bewegung noch langsamer ist, usw., und wirst nie zu einem Ende gelangen. Also zwingt die Logik dich, irgendwo innezuhalten. Du musst die Reihe abschließen, indem du etwas erkennst, was sich nie wandelt. Hinter dieser nie endenden Kette der Bewegung ist der Purusha, der unwandelbare, farblose, reine. All diese Impressionen werden nur auf ihm widergespiegelt, so wie eine Zauberlampe Bilder auf eine Leinwand wirft, ohne diese in irgendeiner Weise zu beflecken.

na tat sva-ābhāsaṁ dṛśyatvāt //18//

18. Der Geist ist nicht selbstleuchtend, da er ein Objekt ist.

Enorme Kraft wird überall in der Natur manifestiert, aber sie ist nicht selbstleuchtend, nicht im Wesentlichen intelligent. Der Purusha allein ist selbstleuchtend und verleiht sein Licht allem. Es ist die Kraft des Purusha, welche durch alle Materie und Kraft durchsickert.

ekasamaye ca ubhaya-anavadhāraṇam //19//

19. Weil er nicht in der Lage ist, beide gleichzeitig zu erkennen.

Wenn der Geist selbstleuchtend wäre, wäre er in der Lage, sich selbst und seine Gegenstände zur selben Zeit zu erkennen, was er aber nicht kann. Wenn er den Gegenstand erkennt, kann er nicht über sich selbst reflektieren. Daher ist der Purusha selbstleuchtend, und der Geist ist es nicht.

citta-antara-dṛśye buddhi-buddher atiprasaṅgaḥ smṛtisaṁkaraś ca //20//

20. Wenn angenommen wird, dass es einen weiteren erkennenden Geist gibt, gäbe es kein Ende solcher Annahmen und verwirrte Erinnerung wäre die Folge.

Nehmen wir einmal an, es gibt einen weiteren Geist, der den gewöhnlichen Geist erkennt, dann wird es einen weiteren geben müssen, um den ersteren zu erkennen, und daher wird es kein Ende geben. Es wird in verwirrter Erinnerung resultieren, es wird keinen Speicher der Erinnerung geben.

citer apratisaṁkramāyās tad-ākāra-āpattau sva-buddhi-saṁvedanam //21//

21. Da die Essenz der Erkenntnis (der Purusha) unwandelbar ist, wird der Geist, wenn er ihre Form annimmt, bewusst.

Patanjali sagt dies, um noch mehr zu verdeutlichen, dass Erkenntnis nicht eine Eigenschaft des Purusha ist. Wenn der Geist dem Purusha nahe kommt, wird dieser gleichsam auf dem Geist reflektiert und der Geist wird vorübergehend wissend und scheint gleichsam wie der Purusha selbst.

draṣṭṛ-dṛśya-uparaktaṁ cittaṁ sarva-artham //22//

22. Gefärbt vom Seher und dem Gesehenen, ist der Geist in der Lage, alles zu verstehen.

Auf der einen Seite des Geistes wird die äußere Welt, das Gesehene, reflektiert, und auf der anderen wird der Seher reflektiert. So kommt die Kraft aller Erkenntnis zum Geist.

tad asaṁkhyeya-vāsanābhiś citram api para-arthaṁ saṁhatyakāritvāt //23//

23. Obwohl der Geist durch zahllose Begehren vielfältig ist, handelt er für einen anderen (den Purusha), weil er in einer Verbindung handelt.

Der Geist ist eine Verbindung von verschiedenen Elementen und kann daher nicht für sich selbst funktionieren. Alles, was in dieser Welt eine Verbindung ist, verfolgt damit ein Ziel, etwas Drittes, wofür diese Verbindung abläuft. So ist diese Verbindung des Geistes für den Purusha bestimmt

viśeṣa-darśina ātma-bhāva-bhāvanā-nivṛttiḥ //24//

24. Für die Urteilsstarken erlischt die Wahrnehmung des Geistes als Atman.

Durch Urteilskraft erkennt der Yogi, dass der Purusha nicht der Geist ist.

tadā viveka-nimnaṁ kaivalya-prāgbhāraṁ cittam //25//

25. Fokussiert auf Urteilskraft, erlangt der Geist den früheren Zustand von Kaivalya (Alleinigkeit).

So führt die Praxis des Yoga zur Urteilskraft, zur klaren Schau. Der Schleier fällt von den Augen und wir sehen die Dinge, wie sie sind. Wir erkennen, dass die Natur eine Verbindung ist und das Panorama für den Purusha zeigt, welcher der Zeuge ist; dass Natur nicht der Herr ist, dass alle Verbindungen der Natur einfach nur dafür da sind, um diese Erscheinungen dem Purusha zu zeigen, dem inthronisierten König im Inneren. Wenn Urteilskraft durch lange Übung kommt, erlischt Furcht und der Geist erlangt Alleinigkeit.

tac-chidreṣu pratyaya-antarāṇi saṁskārebhyaḥ //26//

26. Die Gedanken, die sich als Hindernisse dafür erheben, stammen von den Impressionen.

All die verschiedenen Vorstellungen, die sich erheben und uns glauben machen, dass wir etwas Äußeres benötigen, um uns glücklich zu machen, sind Hindernisse für diese Vollkommenheit. Der Purusha ist Glücklichkeit und Gesegnetheit aufgrund seiner eigenen Natur. Aber diese Erkenntnis wird verschleiert von vergangenen Impressionen, die verarbeitet werden müssen.

hānam eṣāṁ kleśavad uktam //27//

27. Ihre Zerstörung ist von derselben Art wie von der Unwissenheit, Ich-Sinn usw., wie oben ausgeführt (II. 10).

prasaṁkhyāne'py akusīdasya sarvathā viveka-khyāter dharma-meghaḥ samādhiḥ //28//

28. Wer die Früchte aufgibt, wenn er zur rechten unterscheidenden Erkenntnis der Wesentlichkeiten gelangt, der erlangt, als Resultat vollkommener Meisterung, den Samadhi, welcher „Wolke der Tugend“ genannt wird.

Wenn der Yogi diese Urteilskraft erlangt hat, stellen sich bei ihm all die Kräfte ein, die im letzten Kapitel erwähnt wurden, aber der wahre Yogi weist sie alle zurück. Ihm eröffnet sich eine spezifische Erkenntnis, ein bestimmtes Licht, welches Dharma-Megha genannt wird, die Wolke der Tugend. Alle großen Propheten, von denen die Geschichte weiß, besaßen es. Sie hatten die ganze Grundlage der Erkenntnis in sich selbst gefunden. Die Wahrheit war für sie Realität geworden. Frieden und Stille sowie vollkommene Reinheit wurden zu ihrer eigenen Natur, nachdem sie den Nichtigkeiten der Kräfte entsagt hatten.

tataḥ kleśa-karma-nivṛttiḥ //29//

29. Daraus ergibt sich ein Erlöschen von Schmerz und Werken.

Wenn jene Wolke der Tugend gekommen ist, gibt es keine Furcht mehr, zu fallen, nichts kann den Yogi herunterziehen. Es wird keine Übel mehr für ihn geben, keine Schmerzen.

tadā sarva-āvaraṇa-mala-apetasya jñānasya ānantyāj jñeyam alpam //30//

30. Die Erkenntnis, befreit von Verhüllung und Unreinheiten, wird unendlich und das zu Erkennende wird klein.

Erkenntnis selbst ist vorhanden; ihr Schleier ist gelüftet. Eine der buddhistischen heiligen Schriften erklärt, was mit dem Buddha (welches der Name eines Zustands ist) als unendliche Erkenntnis gemeint ist, unendlich wie der Himmel. Jesus erlangte sie und wurde zum Christus. Ihr alle werdet diesen Zustand erlangen. Wenn die Erkenntnis unendlich wird, wird das zu Erkennende klein. Das ganze Universum, mit all seinen Gegenständen der Erkenntnis, wird gleichsam zu Nichts im Angesicht des Purusha. Der normale Mensch hält sich für sehr geringfügig, weil für ihn das zu Erkennende unendlich zu sein scheint.

tataḥ kṛta-arthānāṁ pariṇāma-krama-samāptir guṇānām //31//

31. Dann sind die sukzessiven Umwandlungen der Eigenschaften abgeschlossen, da sie ihr Ende erreicht haben.

Dann hören all diese vielfältigen Umwandlungen der Eigenschaften, die sich von Gattung zu Gattung verändern, für immer auf.

kṣaṇa-pratiyogī pariṇāma-aparānta-nirgrāhyaḥ kramaḥ //32//

32. Die Wandlungen, die in Bezug auf Augenblicke existieren und die am anderen Ende (am Ende einer Reihe) wahrgenommen werden, sind Aufeinanderfolge.

Patanjali definiert hier das Wort „Aufeinanderfolge", d.h. die Wandlungen, die in Bezug auf Augenblicke existieren. Während ich denke, gehen viele Augenblicke vorüber, und mit jedem Augenblick gibt es einen Wandel des Gedankens, aber ich nehme nur diese Wandlungen am Ende einer Reihe wahr. Dies wird Aufeinanderfolge genannt, aber für den Geist, der Allgegenwart verwirklicht hat, gibt es keine Aufeinanderfolge. Alles ist für ihn gegenwärtig; für ihn existiert nur die Gegenwart, die Vergangenheit und Zukunft sind verloren. Die Zeit ist unter Kontrolle, alle Erkenntnis ist vorhanden in einer Sekunde. Alles ist blitzartig erkannt.

puruṣa-artha-śūṇyānāṁ guṇānāṁ pratiprasavaḥ kaivalyaṁ svarūpa-pratiṣṭhā vā citi-śaktir iti //33//

33. Die Auflösung in der umgekehrten Reihenfolge der Eigenschaften, frei von jeglichem Motiv der Handlung für den Purusha, ist Kaivalya, oder es ist die Begründung der Kraft der Erkenntnis in ihrer eigenen

Natur.

Das Werk der Natur ist getan, dieses selbstlose Werk, welches unsere liebe Amme, die Natur, sich selbst auferlegt hatte. Sie nahm gleichsam sanft die selbstvergessene Seele an der Hand und zeigte ihr alle die Erfahrungen im Universum, alle Manifestationen, brachte sie immer höher und höher durch verschiedene Körper, bis ihre verlorene Herrlichkeit zurückkam und sie sich an ihre eigene Natur erinnerte. Dann kehrte die liebe Mutter auf demselben Weg zurück, auf dem sie kam, für andere, die sich ebenfalls verlaufen haben auf der pfadlosen Wüste des Lebens. Und so wirkt sie, ohne Anfang und ohne Ende. Durch Schmerz und Freude, Gut und Böse strömt der unendliche Fluss der Seelen ins Meer der Vollkommenheit, der Selbstverwirklichung.

Ruhm sei jenen, die ihre eigene Natur erkannt und verwirklicht haben. Möge ihr Segen mit uns allen sein.

Anhang

Yogasūtra und Sānkhya – eine Einführung[1]

Yogasūtra, Yogasūtras *n* Yoga-Aphorismen, Patañjalis Lehrbuch des klassischen Yoga-Stystems in 195 Sūtras. Damit wurde jener Yoga begründet, der zu den sechs orthodoxen Philosophiesystemen des Hinduismus (*Shaddarshana*) gehört und allgemein als Rāja-Yoga bekannt ist.

Der Text wurde zwischen dem 2. Jh. v. Chr. und dem 4. Jh. n. Chr. verfasst (gemäß der Auffassung verschiedener Gelehrter) und wird bisweilen auch als Patañjala-Sūtra bezeichnet.

Das Yogasūtra besteht aus vier Teilen oder Pādas. Der erste Teil (Samādhi-Pāda) führt ein in das Wesen, das Ziel und die Methoden des Yoga, wobei auch die verschiedenen Modifikationen (Vrittis) des Citta (Bewusstsein) erläutert werden ebenso wie die Techniken, um die Modifikationen zu stillen.

Der zweite Teil (Sādhana-Pāda) erläutert den Kriyā-Yoga und behandelt die Ursachen des Leids und deren Beseitigung. Ab Sūtra 28 wird der Ashthānga-Yoga vorgestellt (siehe auch *Rāja-Yoga*).

Der dritte Teil (Vibhūti-Pāda) enthält Ausführungen zur Yoga-Psychologie und erläutert übernatürliche Phänomene und Fähigkeiten (Vibhūti).

Der vierte und letzte Teil (Kaivalya-Pāda) schließlich behandelt das Ziel der spirituellen Befreiung, das Selbst als transzendenten Purusha und verschiedene Ebenen des Seins.

Ziel des Yoga nach Patañjali ist jene Erkenntnis, die von den Anhaftungen der Prakriti befreit und zur Realisation des Selbstes als ewigem und unsterblichem Purusha führt. Dies ist nur möglich, wenn der Mensch Kontrolle über sein Citta erlangt und den Strom von Gedanken, Gefühlen und Wünschen stillen kann. In acht Stufen werden

---

[1] Der Text wurde adaptiert aus unserem Verlagstitel: Wilfried Huchzermeyer, *Das Yoga-Lexikon,* Karlsruhe 2018

praktische Schritte zum Erlangen des Ziels dargelegt.

Anders als das System des *Sānkhya*, welches dem Yoga eng verwandt ist und ihm einige wichtige theoretische und philosophische Grundlagen bereitstellte, ging Patañjali von der Existenz eines *Īshvara* oder höchsten Herrn aus. Daher nennt man den Yoga auch Seshvara-Sānkhya, d.h. Sānkhya-mit-Īshvara.

Im Laufe der Jahrhunderte wurden viele Kommentare zum Yogasūtra verfasst. Der älteste davon ist das *Yoga-Bhāshya* des Vyāsa. Wichtig sind auch Shankaras *Vivarana*, Vācaspati Mishras *Tattva-Vaishāradī* und Vijñāna Bhikshus *Yoga-Vārttika.*

*

Sānkhya [sāṁkhya] *n* in der indischen Philosophie eines der sechs orthodoxen Systeme (Shaddarshana), wurde von *Kapila* begründet und beinhaltet eine kosmische Evolutions- wie auch spirituelle Befreiungslehre.

Das Wort Sānkhya bedeutet Zahl, Aufzählung (weil 25 Tattvas oder Grundprinzipien aufgezählt werden), oder „Ergründung". Als wichtigstes Grundlagenwerk gilt die Sānkhyakārikā des Īshvarakrishna, die in 73 Versen aphorismenähnlich die Philosophie des „klassischen Sānkhya" (es gab auch ein ursprüngliches, früheres) darlegt.

Das Sānkhya-System erklärt das Zusammenwirken von Mensch und Kosmos mit Hilfe von 25 Tattvas oder Grundkategorien, von denen die beiden wichtigsten Purusha und Prakriti sind. Der Purusha ist Geist, Spirit, reines freies Bewusstsein, während Prakriti die Natur ist, der unerschaffene Urgrund aller stofflichen und psychischen Erscheinungsformen.

Leid und Schmerz des Menschen existieren allein auf der Ebene der Prakriti und resultieren aus der Identifikation mit ihr. Sānkhya ist der Weg, um sich von dieser Identifizierung zu befreien und zu der Erkenntnis zu gelangen, dass Purusha und Prakriti gesondert sind. Die weiteren 23 Tattvas gehören der Prakriti an und entstehen bei der Schöpfung des Universums, die durch eine Störung im Gleichgewicht der *Gunas* ausgelöst wird. In einer Stufenfolge zunehmender Verdichtung der ursprünglich unsichtbaren Elemente bilden sich dann die folgenden Tattvas heran:

Buddhi (oder Mahat), die Vernunft, das Organ der Unterscheidung; Ahamkāra, der Ich-Macher, der die Wahrnehmung zwischen Ich und Außenwelt herausbildet. Aus ihm gehen zum einen elf Sinne hervor und zum anderen fünf sogenannte *Tanmātras* oder feine Elemente.

Die Sinne sind Manas, das sinnengebunde Denken; die fünf Erkenntnisvermögen oder Jñānendriyas von Hören, Fühlen, Sehen, Schmecken und Riechen; die fünf Tatvermögen oder Karmendriyās von Sprechen, Greifen, Gehen, Entleeren und Zeugen. Die Tanmātras wiederum sind die subtilen Energieformen von Klang, Berührung, Sehen, Geschmack, Geruch. Aus ihnen leiten sich die groben Elemente (Mahābhūtas) der sichtbaren Welt ab: Äther, Luft, Feuer, Wasser, Erde.

Der Begriff „Sānkhya“ trägt nicht immer diese „klassische“ Bedeutung. Besonders in frühen Texten wird er oft in Verbindung mit Yoga genannt, wobei zum Teil nur einige geringfügige Differenzierungen vorgenommen werden oder auch eine Verschmelzung zum „Sānkhya-Yoga“ erfolgt.

In der Bhagavadgītā 5.4-5 steht Sānkhya für Jñāna, Erkenntnis, und Yoga für den Weg der Werke, Karma-Yoga. Beide führen zum selben Ziel (der spirituellen Befreiung) und die wahre Erkenntnis besitzt jener, „der Sānkhya und Yoga als eins erkennt“.

edition sawitri – W. Huchzermeyer

www.edition-sawitri.de

Gitta Kistenmacher
Pranayama. Die Atemschule des Hatha-Yoga. Übungsbegleiter zum tieferen Verständnis der Pranayama-Praxis.
160 S., mit 100 Abb.
Pranayama ist wesentlicher Bestandteil des Hatha-Yoga. Anschaulich, klar und übersichtlich führt Gitta Kistenmacher in diese komplexe Atemkunst ein. Viele wertvolle Übungen bereiten auf die verschiedenen klassischen Pranayama-Techniken vor. Gleichzeitig vermittelt die Autorin auch ein umfassendes Hintergrundwissen zum tieferen Verständnis der Pranayama-Praxis. Ihr Buch gilt mittlerweile als Standardwerk in der Yoga-Lehrausbildung.

Titel von Wilfried Huchzermeyer (Autor/Hrsg.):

Das Yoga-Lexikon. Sanskrit – Asanas – Biografien – Hinduismus - Mythologie.
390 S., mit 36 Abb.
Das Yoga-Lexikon knüpft an das Yoga-Wörterbuch an, dessen Inhalt erweitert und vertieft wird, indem zahlreiche Einträge aus der Welt des klassischen Hinduismus ebenso wie Yogi-Biografien und Übungsstile hinzukommen. Als erstes Nachschlagewerk dieser Art enthält das Lexikon auch ein Wörterbuch Deutsch-Sanskrit, welches vielfältige Recherchen anhand deutscher Suchbegrife ermöglicht. Ausführliche Leseproben auf unserer Website.

Das Yoga-Wörterbuch. Sanskrit-Begriffe – Übungsstile – Biographien
251 S.
Das vorliegende Wörterbuch enthält ca. 1500 ausgesuchte Begriffe des Fachvokabulars einschließlich 180 Asanas in Wort-für-Wort-Übersetzung und darüber hinaus eine Reihe relevanter deutscher Stichwörter. Zudem werden 30 bekannte Yoginis und Yogis vorgestellt und die wichtigsten Übungsstile des 20. und 21. Jhs. beschrieben.

Die heiligen Schriften Indiens – Geschichte der Sanskrit-Literatur.
130 S.
Diese Literaturgeschichte des Indologen Wilfried Huchzermeyer erläutert umfassend die zeitlosen spirituellen Themen der altindischen Literatur. Aus dem Inhalt: Veden – Upanishaden – Ramayana – Mahabharata – Bhagavad Gita – Puranas – Tantras – Sankhya – Yogasutra – Advaita Vedanta – Hatha Pradipika – Ayurveda und viele andere Themen.

Erlebnis: Sanskrit-Sprache – Mantra, Yoga, Linguistik
130 S., mit 10 Abb.
Aus dem Inhalt: Sanskrit und die europäischen Sprachen – Sanskrit als Yoga: Vyaas Houston über Chanten, Heilen, alternativ Unterrichten und Lernen; Mantra-Yoga; Sanskrit als Computer-Sprache.

Das Geheimnis der Mantra-Kraft
140 S.
Mit Beiträgen von 14 bekannten AutorInnen über Nada Brahma, Mantra-Praxis, Das Mantra als Urlaut, Sanskrit-Chanten, Die Wirksamkeit des Mantras, Mantra und Heilung, Sri Caitanya, das Mantra Om, u.v.a. Themen.

Yogis, Yoginis und Asketen im Mahabharata
86 S.
Ein spannender Bericht über das spirituelle Leben im alten Indien, mit vielen kommentierten Orginaltexten und interessanten Biografien. Unter anderem wird die Savitri-Episode aus dem Mahabharata vollständig in deutscher Übersetzung wiedergegeben.

Studies in the Mahabharata. Indian Culture, Dharma and Spirituality in the Great Epic. With Many Original Sanskrit-Texts
192 S.
Eine umfangreich Studie über die wichtisten Aspekte des Epos, basierend auf einer Dissertation. Viele Zitate werden zweisprachig Sanskrit-Englisch wiedergegeben. Der Hauptteil enthält zahlreiche Yogi-Biografien.

Sri Aurobindo – Leben und Werk
305 S., mit 40 s/w und Farbabb.
Die erste umfassende deutsche Biografie Sri Aurobindos, in der alle wichtigen, aktuell vorliegenden Quellen ausgewertet werden. Der Autor berichtet über die verschiedenen Phasen von Sri Aurobindos Lebensweg und stellt seine bedeutendsten Werke vor.

Sri Aurobindo und die europäische Philosophie. 215 S.
Eine vergleichende Studie, in der Sri Aurobindos eigene Äußerungen ebenso berücksichtigt werden wie bereits vorliegende Forschungsarbeiten. Am Ende wird deutlich, dass es in Europa vielerlei affine Gedanken gab und dass Sri Aurobindos intuitive Philosophie als Weiterentwicklung oder Erfüllung einiger dieser Gedanken angesehen werden kann.

Sri Aurobindos Kommentare zu Krishna, Buddha und Christus. 134 S.
Sri Aurobindo hat das Wirken und die Lehre der drei Avatare Krishna, Buddha und Christus in zahllosen Texten kommentiert. In der vorliegenden Studie werden seine wichtigsten Aussagen ausführlich vorgestellt und erläutert. Hinzu kommen viele Äußerungen der Mutter, die weiteres Licht auf die jeweiligen Themen werfen.